D1756335

THE ROBERT GORDON UNIVERSITY
LIBRARY

THE
ROBERT GORDON
UNIVERSITY
ABERDEEN

This book is due for return on or before the last date shown below.

1 3 OCT 1998

WITHDRAWN FROM
THE ROBERT GORDON UNIVERSITY
LIBRARIES

R.G.I.T. ABERDEEN

0002424381

Het idee van de functionele stad

The idea of the functional city

In herinnering aan / in memory of

Peter de Zeeuw 1946-1996

BRN:	10A624	
AC	✕ KE	
AT	ME	
CL	VM	
FH		
HI		

Het idee van de functionele stad

The idea of the functional city

Een lezing met lichtbeelden 1928   A lecture with slides 1928

C. van Eesteren

Met een inleiding van /with an introduction by **Vincent van Rossem**

THE ROBERT GORDON UNIVERSITY
ARCHITECT LIBRARY

NAi Uitgevers/Publishers EFL Publicaties/Publications

Eine Stunde Städtebau

Eine Stunde Städtebau

Inleiding Introduction **Vincent van Rossem**

De architect en stedenbouwer Cornelis van Eesteren (1897-1988) is vooral bekend geworden door zijn bijdrage aan de Stijlbeweging, zijn rol als ontwerper van het Algemeen Uitbreidingsplan van Amsterdam, en zijn voorzitterschap van de CIAM gedurende de jaren 1930-1947. Andere aspecten van zijn oeuvre zijn minder bekend, zoals het uitgevoerde woningbouwproject 'Molensloot' in Den Haag (1927-1930), zijn onderwijs in de stedenbouw aan de Staatliche Bauhochschule te Weimar (1927-1930), zijn professoraat aan de Technische Hogeschool te Delft na de oorlog, en zijn belangrijke bijdrage als adviseur aan de inrichting van de Zuidelijke IJsselmeerpolders (1940-1965).[1] Zelfs de opmerkelijke prijs-vraagontwerpen uit de jaren twintig hebben tot op heden weinig de aandacht getrokken. In dit imposante geheel lijkt de lezing getiteld *Eine Stunde Städtebau,* gehouden in januari 1928 te Berlijn, niet meer dan een vergeten detail. [afb. 1]

Toch formuleerde de toen dertigjarige ontwerper in deze lezing een volkomen nieuwe benadering van het vak stedenbouw. De ontwerpmethode die Van Eesteren kort daarna in Amsterdam toepaste, kwam niet voor in de toenmalige vakliteratuur. Hij had deze werk-wijze gedurende de voorgaande jaren ontwikkeld door het stedenbouwkundige werk van H.P. Berlage en diens generatiegenoten tot op het bot te analyseren. Gaandeweg kwamen

1

VORTRÄGE DER STAATLICHEN KUNSTBIBLIOTHEK IM HÖRSAAL / PRINZ-ALBRECHT-STRASSE 7A / HOF

NEUES BAUEN

7 VORTRÄGE / MONTAG, ABENDS 8 UHR / ANFANG: 30. JAN. 1928

1.
MONTAG, DEN 30. JANUAR
ARCH. C. VAN EESTEREN, HAAG
STÄDTEBAU

2.
MONTAG, DEN 6. FEBRUAR
Dr. S. GIEDION, ZÜRICH
EISEN, EISENBETON, BAUEN IN FRANKREICH

3.
MONTAG, DEN 13. FEBRUAR
PROF. HENRY VAN DE VELDE, BRÜSSEL
WARUM IMMER NEUES?

4.
MONTAG, DEN 20. FEBRUAR
ARCH. ERICH MENDELSOHN, BERLIN
RUSSLAND — AMERIKA,
EIN ARCHITEKTONISCHER QUERSCHNITT

5.
MONTAG, DEN 27. FEBRUAR
ARCH. MIES VAN DER ROHE, BERLIN
DIE VORAUSSETZUNGEN
BAUKÜNSTLERISCHEN SCHAFFENS

6.
MONTAG, DEN 5. MÄRZ
ARCH. MARTIN MÄCHLER, BERLIN
DAS CITY-PROBLEM

7.
MONTAG, DEN 12. MÄRZ
ARCH. I. I. P. OUD, ROTTERDAM
VON MODERNER MALEREI UND HEUTIGER
TECHNIK ZUR NEUEN ARCHITEKTUR

DIE VORTRÄGE WERDEN DURCH LICHTBILDER ERLÄUTERT

EINTRITTSKARTEN FÜR DIE GANZE REIHE 10 MARK / FÜR EINZELVORTRÄGE 2 MARK / IM LESESAAL DER STAATLICHEN KUNSTBIBLIOTHEK WOCHENTÄGL. VON 10—10 UHR / SOWIE AN DER ABENDKASSE

FÜR MITGLIEDER DES FREUNDESKREISES HALBE PREISE.

„Bukwa". Berlin C 2. Breite Straße 8—9

The architect and planner Cornelis van Eesteren (1897-1988) is most widely known for his contribution to the De Stijl movement, for his role as designer of the Amsterdam General Extension Plan and for his chairmanship of CIAM from 1930 to 1947. Other aspects of his life's work, such as the 'Molensloot' housing project built in The Hague (1927-1930), his teaching work in urban development at the Staatliche Bauhochschule in Weimar (1927-1930), his professorship at the Technical University of Delft after the war and the important contribution he made as an advisor on the arrangement of the South IJsselmeer polders (1940-1965), are less familiar.[1] Not even his remarkable competion designs of the twenties have hitherto attracted much attention. In the context of this imposing oeuvre, the lecture titled *Eine Stunde Städtebau* [An Hour of Town Planning] which he gave in Berlin in January 1928 would seem no more than a forgotten detail. [fig. 1]

Nonetheless, in this lecture the designer, then thirty years old, formulated a completely new approach to the craft of town planning. The design method Van Eesteren applied shortly after-wards in Amsterdam was not to be found in the professional literature of that period. He had developed this approach in the preceding years by performing a thorough analysis of the planning work of H.P. Berlage and his contemporaries. The defects of that work gradually became clear to him, and by the autumn of 1926 he understood that a radical change of course was inevitable. The famous words of the German town planning historian A.E. Brinckmann of 1907 – 'Town planning means using housing as material to shape space' – which Berlage was fond of repeating, had lost their magic. Van Eesteren realized that the modern metropolis was too large in scale and too complex programmatically for this relatively simple formula to be useful. In the years that followed he compiled a series of arguments that brought him to the concept of the 'functional city'. In his Berlin lecture, he illustrated this new conception of the city with over ninety slides, sparingly interspersed with concise commentaries.

Before going into the inception and content of *Eine Stunde Städtebau,* we must look at the youthful Van Eesteren's intellectual struggle with the town planning heritage of Berlage. During his architectural training, at the Academy of Visual Arts and Technology in Rotterdam (1914-1917), Willem Kromhout was a particularly inspiring tutor. This training was followed by 'Further Higher Architectural Education' (VHBO) in Amsterdam, combined with work experience in the architectural firm of W. Verschoor and C. Rutten in The Hague. During this period, Van Eesteren received his first urban design commission, which was to design two extension plans for his home village Alblasserdam, near Rotterdam. To achieve the best possible result, he first carried out a thorough study of Berlage's town planning work. This work had been extensively published and Berlage had also revealed much about his theoretical principles in a number of published lectures.[2] The outcome of this preparation was a flawless exercise in Berlagian planning.

After winning the Prix de Rome in 1921, Van Eesteren went on a study trip through Germany and Scandinavia in 1922. Of the many impressions he retained of this journey, his meetings with Fritz Schumacher and Theo van Doesburg were undoubtedly most important to his future development. Schumacher was then the most experienced and most progressive town planner

daarbij de gebreken aan het licht, en in het najaar van 1926 kwam tenslotte het inzicht dat een radicale koerswijziging onvermijdelijk was. De gevleugelde en door Berlage zo gretig geciteerde woorden uit 1907 van de Duitse stedenbouwhistoricus A.E. Brinckmann, 'Städte bauen heißt: mit dem Hausmaterial Raum gestalten', hadden hun magie verloren. Van Eesteren realiseerde zich dat de moderne metropool te grootschalig en programmatisch te complex was geworden voor deze relatief simpele toverformule. In de jaren daarna verzamelde hij een reeks van argumenten die hem naar het concept van de 'functionele stad' voerden. In Berlijn werd deze nieuwe visie op de stad verbeeld met ruim negentig dia's, spaarzaam toegelicht met kernachtige uitspraken 'bij de plaatjes'.

Alvorens nader in te gaan op het ontstaan en de inhoud van *Eine Stunde Städtebau* is het noodzakelijk om even stil te staan bij de intellectuele worsteling van de jeugdige Van Eesteren met het stedenbouwkundig erfgoed van Berlage. Tijdens zijn opleiding tot archi-tect, aan de Rotterdamse Academie van Beeldende Kunsten en Technische Wetenschappen (1914-1917), was vooral Willem Kromhout een inspirerende docent. Daarna volgde het Voortgezet Hooger Bouwkunst Onderricht (VHBO) te Amsterdam, gecombineerd met praktisch werk bij het Haagse architectenbureau van W. Verschoor en C. Rutten. In deze periode kreeg Van Eesteren zijn eerste stedenbouwkundige opdracht, namelijk het maken van twee uitbreidingsplannen voor zijn geboortedorp Alblasserdam. Om tot een goed resul-taat te komen maakte hij een grondige studie van Berlages stedenbouwkundige werk. Dit werk was vrij uitvoerig gepubliceerd, en bovendien had Berlage in diverse eveneens gepu-bliceerde lezingen het nodige gezegd over zijn theoretische beginselen.[2] Het resultaat van deze studie was een vlekkeloze exercitie in Berlagiaanse stedenbouw.
Nadat hij in 1921 de Prix de Rome had gewonnen, maakte Van Eesteren in 1922 een studiereis door Duitsland en Scandinavië. Temidden van de vele indrukken die hij aldus opdeed, waren zijn ontmoetingen met Fritz Schumacher en Theo van Doesburg ongetwijfeld van het grootste belang voor zijn toekomstige ontwikkeling. Schumacher was toen de meest ervaren en meest progressieve stedenbouwer in Duitsland, terwijl Van Doesburg in direct contact stond met de Europese avant-garde. Door de enthousiasmerende gesprekken met Schumacher in Keulen maakte Van Eesteren een definitieve keuze voor het vak stedenbouw. Ook de ontmoeting met Van Doesburg is duidelijk van groot belang geweest, maar het zou beslist onjuist zijn om te suggereren dat Van Eesterens Prix-de-Romereis geheel in het teken heeft gestaan van zijn kennismaking met de avant-garde. Via Van Doesburg leerde hij inderdaad een zeer vooruitstrevend artistiek milieu kennen, maar zijn belangstelling voor architectuur en stedenbouw werd geenszins beperkt door modernistische oogkleppen. Typerend zijn bijvoorbeeld de tekeningen die Van Eesteren tijdens zijn reis maakte. Op het eerste gezicht lijken dit wat romantische aquarellen van historische stadsgezichten, onder meer van Dresden, Praag, Augsburg, Freiburg, Regensburg en Nürnberg. [afb. 2] Bij nadere beschouwing blijkt echter telkens dat hij scherp heeft gekeken hoe verschillende bouwmassa's zich samenvoegen tot een stadsbeeld. Toen deze tekeningen in de Rijksacademie te Amsterdam tentoongesteld werden, sprak de architectuurcriticus

in Germany, while Van Doesburg had direct links with the European avant garde. Van Eesteren's stimulating conversations with Schumacher in Cologne moved him to opt definitively for the town planning profession. His meeting with Van Doesburg was clearly also of much significance to him, but it would be quite wrong to suggest that familiarization with the avant-garde was the main goal of his Prix de Rome tour. Through Van Doesburg he did indeed make the acquaintance of a very progressive artistic circle, but his outlook on architecture and planning was not at all curtailed by modernist blinkers.

The drawings Van Eesteren made during his trip typify his breadth of interest. At first sight resembling rather romantic watercolour townscapes of such places as Dresden, Prague, Augsburg, Freiburg, Regensburg and Nürnburg [fig. 2], they reveal on closer inspection his acute observation of the way the distinct built volumes combine to form a cityscape. When these drawings were exhibited in the Rijksacademie in Amsterdam, the architecture critic J.P. Mieras writing in *Bouwkundig Weekblad* spoke of 'sloppy work'.[3] Van Eesteren defended himself with the argument that architecture bore no relation to pretty pictures. He stressed the contemporary relevance of his work by commenting: 'I mention by way of example the town planning problem in architecture. One wonders whether there is any point in going on a study trip and making attractive and sensitive cityscape drawings, when what matters is to help discover the broad town planning concept that our times seek.'[4]

Three competition designs and a conclusion

Soon after the Prix de Rome trip and the bracing collaboration with Van Doesburg in 1923, it became clear to Van Eesteren that current architectural practice in Holland offered him little scope for pondering really interesting and urgent issues. The only opportunity for serious work on exciting design problems lay in taking part in competitions. Early in 1924, he designed a splendid but much too expensive house for his parents for a beautiful location on River De Noord. Then, that summer, he took part in an architectural competition for an arcade of shops

2

J.P. Mieras in het *Bouwkundig Weekblad* van 'knoeiwerk'.[3] Van Eesteren verweerde zich met het argument dat bouwkunst niets te maken heeft met mooie prentjes. Hij onderstreepte daarbij de actualiteit van zijn werk door op te merken: 'Ik noem bijvoorbeeld het stedebouw-probleem in de architectuur. Men vraagt zich af, heeft het zin om op een studiereis fraaie en gevoelige stedebouwtekeningen te maken, waar het erom gaat de grote stedebouwkundige gedachte, waarnaar onze tijd zoekt, te helpen opspeuren?'[4]

Drie prijsvraagontwerpen en een conclusie

Na de Prix-de-Romereis en na de enerverende samenwerking met Van Doesburg in 1923, drong het al snel tot Van Eesteren door dat de Nederlandse architectuurpraktijk weinig mogelijkheden bood om na te denken over werkelijk interessante en urgente vraagstukken. Alleen het deelnemen aan prijsvragen gaf de gelegenheid om eens serieus te werken aan opwindende ontwerpproblemen. Begin 1924 ontwierp hij een prachtig maar veel te duur huis voor zijn ouders, dat had moeten verrijzen op een schitterende locatie aan de rivier De Noord. Vervolgens, in de zomer, nam hij deel aan een architectonische prijsvraag voor een winkelgalerij met daarboven woningen in Den Haag. Met dit ontwerp demonstreerde Van Eesteren dat hij de architectonische en stedenbouwkundige problemen van het gesloten bouwblok geheel doorgrond had.

In het najaar van 1924 inspireerde de Rokin-prijsvraag hem tot een eerste diepgaande analyse van de stedenbouwkundige mogelijkheden van de ontwerpmethode die Berlage met zoveel succes in Nederland gepropageerd had. Het Rokin in Amsterdam was een tamelijk brede en langgerekte stedelijke ruimte met een gracht als lengteas. Het gemeentebestuur was van plan om een deel van de gracht te dempen ten behoeve van een parkeerplaats. Er werd een prijsvraag uitgeschreven met een programma dat vroeg om een ontwerp voor het toekomstige, gedempte, Rokin. Alle inzenders presenteerden een architectonisch ontwerp voor de gevelwanden van het Rokin, overwegend in het vocabulaire van de Amsterdamse School, en dat was ook de bedoeling. Van Eesteren had echter wat dieper nagedacht over het probleem, zodat zijn inzending heel helder laat zien dat het gemoderniseerde Rokin stedenbouwkundig gezien een totaal andere ruimtelijke structuur heeft dan het oorspronke-lijke Rokin.

Van Eesteren redeneerde simpel maar doelmatig. Door de demping van het water ontstaat een ander profiel: het hoogteverschil tussen water en kade verdwijnt, en er zal dus een uitgestrekte asfaltvlakte ontstaan. Met asfalt werd toen in Amsterdam enthousiast geëxperi-menteerd. Verder wees hij erop dat de nieuwe bouwverordening ertoe zou leiden dat de bebouwing – toen nog zeer gevarieerd – langzamerhand gelijk in hoogte zou worden omdat commerciële belangen nu eenmaal vereisen dat de mogelijkheden van stedelijke bouwgrond maximaal geëxploiteerd worden. Dit alles, zo luidde zijn conclusie, zou resulteren in sterk dominerende horizontale lijnen in de stedelijke ruimte – en daarom was een nieuw verticaal contrast vereist. Om die reden projecteerde Van Eesteren ongeveer halverwege het Rokin een hoge kantoortoren.[5]

with flats above them in The Hague. This design makes it clear that Van Eesteren had successfully fathomed the architectural and urban design problems of the perimeter block. The Rokin competition, in autumn 1924, inspired him to undertake his first searching analysis of the urban possibilities of the design method Berlage has propagated with such success in the Netherlands. Amsterdam's Rokin was a fairly wide, elongated open space with a canal as its longitudinal axis. The municipal council planned to fill in part of the canal to provide a car park. They announced a competition whose brief called for a design for the Rokin with the canal filled in. All the competitors submitted architectural designs for the façades alongside the Rokin, preponderantly in the Amsterdam School idiom – as was the intention. Van Eesteren thought about the problem more deeply, however, and as a result his contribution shows very clearly that from a town planning viewpoint his modernized Rokin would have a totally different spatial character to the original one.

Van Eesteren's reasoning was simple but apposite. Filling in the canal would change the profile: the height difference between the water and the quay would vanish, resulting in an extended asphalted surface. Asphalt was the subject of enthusiastic experimentation in Amsterdam at the time. He also pointed out that the new planning regulations would result in the buildings along the Rokin, which until then were very variegated, rising gradually to a uniform height, simply because commercial interests dictate the optimum exploitation of the available land in the inner city. All this, he concluded, would result in an excessive dominance of horizontals in the urban space, and a new vertical contrast was therefore required. Hence Van Eesteren projected a tall office tower block roughly halfway along the Rokin.[5]

The Rokin design, which bore the motto 'élémentair', was rejected by the jury immediately in the first round. Van Eesteren had illustrated his vision for the Rokin with an axonometric bird's-eye

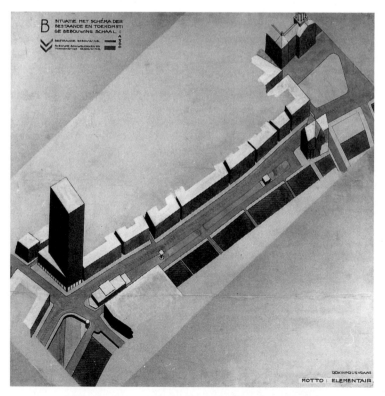

3

Het ontwerp voor het Rokin, met motto 'élémentair', werd door de jury al in de eerste beoordelingsronde terzijde geschoven. Van Eesteren had zijn visie op het Rokin verbeeld met een axonometrisch vogelperspectief, en dit was, net als zijn Prix-de-Rometekeningen, beslist geen 'mooie prent', in ieder geval niet volgens gangbare maatstaven. [afb.3] Ook Berlage, die voorzitter van de jury was, had klaarblijkelijk geen oog voor de programmatische betekenis van dit ontwerp. Toch was Van Eesterens inzending geenszins revolutionair. Als prijsvraaginzending was het misschien – in de ogen van de jury – een provocatie, maar het abstractieniveau van zijn voorstel was in de toenmalige Amsterdamse woningbouwpraktijk niet ongewoon. Piet Kramer, toch door en door een architect van de Amsterdamse School, heeft in 1925 een reeks van tien varianten getekend voor een prominente straathoek in Amsterdam West, die wat betreft stedenbouwkundig idee en architectonisch abstractie-niveau vergelijkbaar is met Van Eesterens ontwerp voor het Rokin. [afb.4]

Het gedachtegoed dat ten grondslag ligt aan het prijsvraagontwerp voor het Rokin was halverwege de jaren twintig overal gemeengoed geworden. In bijna iedere willekeurige publicatie had Van Eesteren daarvan kennis kunnen nemen, maar het staat in elk geval vast dat hij Schumachers boek over Keulen met grote belangstelling heeft gelezen toen het net verschenen was. In de inleiding van dit boek wordt het probleem van de normaaldaklijn als volgt beschreven. 'Man hatte Bestimmungen geschaffen, um zu verhindern, und man mußte erleben, daß das, was die äußerste Grenze des Erträglichen darstellen sollte, die unverrück-bare Norm des Schaffens wurde. Was man als negative Abgrenzung erdacht hatte, wurde zu einer positiven Form, den jeder Unternehmer goß diese Form in einem Bauwerk restlos aus. So hatte man aus der willkürlich wuchernden Großstadt eine streng mechanisierte Großstadt gemacht, mechanisiert hart an der Grenze des Erträglichen'. De stedenbouwer kan hierin verbetering brengen door weloverwogen bijzondere bestemmingen aan te geven: 'die Bauordnung muß in ihren allgemeinen Bestimmungen für einen mittleren Fall zugeschnit-ten sein; von dieser Mittellinie aus muß es die Möglichkeit geben, ebensogut Minderungen nach unten vorzunehmen ... wie Steigerungen nach oben, die dem weltstädtischen Charakter des Großhauses Rechnung tragen.'[6]

4
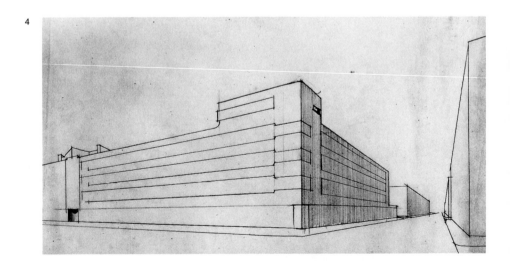

view, and like his Prix de Rome drawings this was anything but a 'pretty picture', at least by the standards of the time. [fig.3] Evidently not even Berlage, who was chairman of the jury, had any eye for the programmatic significance of this design. Yet Van Eesteren's submission was far from revolutionary. As a competition design it was perhaps provocative (in the eyes of the jury) but the degree of abstraction of his proposal was not unusual in housing practice in Amsterdam at that period. For example, in 1925 Piet Kramer, who was after all an Amsterdam School architect to the core, drew a series of ten variants for a prominent street corner of Amsterdam which were comparable from the point of urbanistic content and level of architectural abstraction with Van Eesteren's design for Rokin. [fig.4]

The way of thinking that underlay the Rokin competition design had become commonplace everywhere by the mid twenties. Van Eesteren might have made acquaintance with it from practically any publication, but it is in any case known that he read Schumacher's book about Cologne with much interest as soon as it appeared. The introduction to this book describes the problem of the standardized roof line as follows: 'Regulations have been made to define what represents the absolute limit of the sufferable, and now we have to experience that this is becoming an unshakable norm of design. What was originally conceived as a negative delimitation becomes a positive form which every developer adopts in his buildings. This changes a randomly proliferating city into a ruthlessly mechanized city, a city mechanized right up against the limit of acceptability.' The town planner can ameliorate this process by carefully designating the building types and sizes: 'In general cases the planning regulations must specify the average requirement; then they must also provide for the possibility of buildings being lower than this standard line ... or rising above it, to allow for the metropolitan character of tall buildings.'[6]

The tower block that Van Eesteren wished to build on Rokin loomed as an alarming prospect rather than as a pleasant dream in the sleepy Amsterdam of 1924. In Berlin, the discussion about tall buildings had already reached an advanced stage by 1925 when the magazine Städtebau specified the brief for the international Unter den Linden competition. Van Eesteren had followed this debate, particularly in relation to the tower block at Friedrichstraße Station in 1922, from close at hand.[7] This partly explains why his entry, which bore the motto 'Gleichgewicht' ['Equilibrium'], was awarded first prize. The design was justifiably honoured, for it probably constituted the epilogue to a tradition: a final, ingenious attempt to reconcile the traditional street façade, the problems of tall buildings and the irresistible pressure to centralize business functions at the expense of residential ones, within the physical constraints of the historic city.

It is not possible to analyze the 'Equilibrium' plan in detail in the present context. (slides 71-73) It represented a high point but at the same time a breaking point in his urbanistic thinking. Naturally he was pleased with his first prize – he had made his name – but the doubts that beset him as a designer only grew more severe. 'My "equilibrium", what do you think of it?' he wrote somewhat ironically to his Swiss friend Frieda Fluck. 'Inwardly I feel it is there. But it's not perfect yet.'[8] Evidently Van Eesteren was himself not entirely convinced of the strengths of his design. By January 1926 it was not yet much better. 'The battle is not yet over', he

De kantoortoren op het Rokin die Van Eesteren wilde bouwen, betekende in het slaperige Amsterdam van 1924 meer een schrikbeeld dan een aangename droom. De discussie over hoogbouw was in Berlijn al in een vergevorderd stadium toen het tijdschrift *Städtebau* in 1925 het programma formuleerde voor de internationale Unter den Linden prijsvraag. Van Eesteren had dit debat, vooral over het torenhuis bij Bahnhof Friedrichstraße in 1922 van nabij meegemaakt.[7] Dit verklaart ten dele waarom zijn inzending met motto 'Gleichgewicht' werd bekroond met een eerste prijs. Het ontwerp werd terecht gehuldigd omdat het waarschijnlijk het sluitstuk van een traditie vormt: een laatste en geniale poging om de traditionele straatwand, de problemen van hoogbouw en de onweerstaanbare druk van voortgaande cityvorming met elkaar te verzoenen binnen de ruimtelijke mogelijkheden van de historische stad.

Het is in dit kader niet mogelijk om het plan met motto 'Gleichgewicht' uitvoerig te analyseren. (dia 71-73) Het was voor Van Eesteren een hoogtepunt, maar ook een breekpunt in zijn stedenbouwkundig denken. Uiteraard was hij gelukkig met de hem toegekende eerste prijs, zijn naam was gemaakt, maar de twijfel waarmee hij als ontwerper worstelde werd alleen maar erger. 'Mein Gleichgewicht, wie denkst du darüber?', schreef hij wat ironisch op 29 november 1925 aan zijn Zwitserse vriendin Frieda Fluck. 'Innerlich spüre ich eins. Ausgebildet ist es aber noch nicht.'[8] Klaarblijkelijk was Van Eesteren zelf niet geheel overtuigd van de kwaliteiten van zijn ontwerp. In januari 1926 was het nog niet veel beter, 'der Streit ist noch immer nicht ausgefochten', verzuchtte hij toen. Het keerpunt in deze worsteling met botsende esthetische en functionele problemen kwam pas in de herfst van 1926, toen het hem duidelijk was geworden dat de stedenbouwkundige erfenis van Berlage weinig of geen actuele waarde meer had. Die conclusie werd bepaald niet lichtvaardig getrokken, en zeker niet om modieuze redenen. 'Ich wiederhole', schreef hij 20 november 1924 aan Werner Hegemann, de hoofdredacteur van *Städtebau,* 'ich bin kein Modernist, der mal etwas Anderes machen woll. Das sogenannte Moderne ist mir egal.'[9]

Het programma van de prijsvraag was simpel, waarschijnlijk te simpel, zoals de architectuurcriticus Karl Scheffler opmerkte.[10] Het luidde: 'Wie soll Berlins Hauptstraße sich im laufe des 20. Jahrhunderts gestalten?'[11] Hegemann had echter de moeite genomen om een uitvoerige toelichting te schrijven, met de suggestieve titel 'die Straße als Einheit'.[12] In het ontwerp van Van Eesteren blijven de Pariser Platz met de Brandenburger Tor, en het Friedrichs Forum aan de oostzijde van Unter den Linden behouden als historische monumenten. Het middengedeelte, tussen Wilhelm– en Charlottenstraße, wordt geheel gesloopt en vervangen door nieuwbouw. Om de schaal van beide openluchtmusea niet te verstoren, krijgen de straatwanden in het nieuwe gedeelte dezelfde hoogte als de Brandenburger Tor – twintig meter.

Door het plangebied uit te breiden tot de Dorotheen- en de Behrenstraße, creëerde Van Eesteren twee enorme bouwterreinen aan weerszijden van Unter den Linden. Hierop projecteerde hij twee bouwblokken die door hun afmetingen en door de wijze waarop ze geleed worden hoogst uitzonderlijk zijn. Boven de twintig meter hoge straatwand springt de bebouwing terug en rijst vervolgens op tot eerst zes en dan, na een tweede recessie, tien

lamented. The turning point in this struggle with colliding aesthetic and functional problems did not come until the autumn of 1926, by when it had become clear to him that the planning legacy of Berlage no longer had much current relevance if any at all. This conclusion was not arrived at lightly, and certainly not for reasons of fashion. 'I repeat', he wrote on 20 November 1924 to Werner Hegemann, the editor of Städtebau, 'I am not a modernist who wants to make something else for a change. The so-called Modern leaves me cold.'[9]

The brief for the competition was simple, perhaps too simple, as the architectural critic Karl Scheffler remarked.[10] It read as follows: 'What shape will Berlin's main street take in the twentieth century?'[11] Hegemann had however taken the trouble to write a detailed amplification under the suggestive title of 'The Street as Unity'.[12] In Van Eesteren's design, Pariser Platz, the Brandenburger Tor and the Friedrichs Forum to the east of Unter den Linden are preserved as historic monuments. The middle section, between Wilhelmstraße and Charlottenstraße, is demolished entirely and replaced by new building. To avoid disrupting the scale of the two open-air museums, the street façades have the same height in the new section as the Brandenburger Tor, namely twenty metres.

By extending the area covered in the plan to include Dorotheenstraße and Behrenstraße, Van Eesteren created two enormous building sites on either side of Unter den Linden. Here he projected two perimeter blocks which were highly exceptional in their size and manner of articulation, onto these areas. Above the twenty-metre tall street façade, the building steps back, rises to a height of six floors, recedes again and finally rises to ten floors. The horizontal expansion of the block on the north side, nearly six hundred metres in length, is articulated by five fifteen-storey towers that stand within the block. The south side of the building is treated entirely differently. The long horizontal line remains unbroken , but is given a strong accent both at its beginning and its end by a twenty-storey tower next to Pariser Platz and a thirty-storey tower at the corner of Unter den Linden and Friedrichstraße.

The jury report particularly commended the rhythm and balance in the cross-section and in the layout of the perimeter block. The special function of the skyscraper at the corner of Unter den Linden/Friedrichstraße did not escape the jury either: their report refers to a 'campanile-like office block'. Nonetheless they raise objections to this tower being situated on the building line. The correspondence of this tower with that on Pariser Platz is also mentioned, with the comment that the latter is indeed set back from the building line.[13] Perhaps the jury would have had more sympathy for the location of this modern 'campanile' if they had been able to inspect the bird's eye view that Van Eesteren drew later in early 1926, probably as a reaction to the criticism. (slide 74) This clearly shows that the forward position of the tall tower is not only symbolic but also of a strictly formal significance. The strong horizontals of the buildings along Unter den Linden would dominate the design too much if the tower were set further back: the commanding vertical accent terminates the perspective of the two extremely long blocks of building.

It is striking that by the motto he chose and in his extremely concise explanatory notes Van Eesteren himself stressed an aspect of the design that has never received much attention,

verdiepingen. De horizontale expansie van het blok aan de noordzijde, bijna zeshonderd meter, wordt geleed door een vijftal torens met vijftien verdiepingen die in het bouwblok staan. De bebouwing aan de zuidzijde is geheel anders behandeld. De lange horizontale lijn blijft ongebroken, maar krijgt aan begin en einde twee sterke accenten: een toren met twintig verdiepingen bij het Pariser Platz en een toren met dertig verdiepingen op de hoek van Unter den Linden en de Friedrichstraße.

In het juryrapport worden in het bijzonder het ritme en de evenwichtigheid in de doorsnede en in de bouwblokinrichting geprezen. Ook de speciale functie van de wolkenkrabber, hoek Unter den Linden - Friedrichstraße, als waterscheiding tussen oud en nieuw ontgaat de jury niet: zij spreekt van een 'campanileartig wirkenden Büroturm'. Desalniettemin maakt men er bezwaar tegen dat deze toren aan de rooilijn staat. Men signaleert ook de correspondentie van deze toren met die bij de Pariser Platz, en merkt dan op dat deze laatste wel achter de rooilijn staat.[13] Misschien zou de jury meer begrip hebben gehad voor de situering van deze moderne 'Campanile' als het vogelperspectief dat Van Eesteren pas begin 1926 tekende, waarschijnlijk als reactie op de kritiek, voorhanden was geweest. (dia 74) Hierop is duidelijk te zien dat de vooruitgeschoven positie van de hoge toren niet alleen symbolisch is, maar ook strikt formeel een duidelijke betekenis heeft. De sterke horizontale lijnen van de bebouwing langs Unter den Linden zouden het ontwerp teveel domineren als de toren meer naar achteren was gesitueerd: het dominerende verticale accent beëindigt de perspectiefwerking van beide extreem lange bouwblokken.

Opmerkelijk is dat Van Eesteren zelf met het gekozen motto en in zijn uiterst beknopte toelichting een aspect van het ontwerp beklemtoonde dat nooit veel aandacht heeft gekregen, namelijk het evenwicht tussen oud en nieuw in combinatie met het evenwicht tussen contrasterende functies. Het begon hem duidelijk te worden dat stedenbouw te maken heeft met het zoeken naar een uitgebalanceerde verhouding tussen zeer ongelijksoortige gegevens. Dit evenwicht komt niet tot stand door een gelijkmatige verdeling van bouwmassa's en functies: het is een verhouding tussen contrasten, die door spanningen in evenwicht wordt gehouden. Deze gedachtegang was voor Hegemann te modernistisch, en hij stelde voor om alle contrasten uit het plan te halen.[14] Pas vele decennia later ontdekte Colin Rowe dat Van Eesteren zijn tijd ver vooruit was geweest. Door een vergelijking te maken tussen het ontwerp van Ludwig Hilberseimer van 1928 voor het gebied ten oosten van het Friedrichs Forum en de prijsvraaginzending met motto 'Gleichgewicht', demonstreerde Rowe dat Van Eesteren een stedenbouwkundige collage had gemaakt die op bijna postmoderne wijze de historische structuur van het stratenplan respecteert.[15]

Naast esthetische kritiek had Hegemann echter ook functionele kritiek, en die was doeltreffend. Door zijn Amerikaanse ervaringen wist hij dat hoogbouw grote verkeersproblemen met zich meebrengt.[16] Het ontwerp van Van Eesteren bood hiervoor geen oplossing. Hoewel hij, voor het Rokin-ontwerp, al wel degelijk had nagedacht over de functie verkeer, was het nog niet tot hem doorgedrongen dat het verkeer in de moderne metropool een omvang had gekregen die het traditionele stratenplan nooit zou kunnen verwerken. Mogelijk daartoe

namely the balance between old and new in combination with the balance between contrasting functions. It started becoming clear to him that town planning is related to the search for a balanced relation between highly disparate factors. This balance can not be brought about by a uniform distribution of built volumes and functions: it is a relation between contrasts which is held in equilibrium by tensions. This line of thought was too modernistic for Hegemann, and he proposed eliminating all contrasts from the plan.[14] It was not until many decades later that Colin Rowe discovered that Van Eesteren had been well ahead of his times. By drawing a comparison between Ludwig Hilberseimer's 1928 design for the area to the east of the Friedrichs Forum and the competition entry bearing the motto 'Equilibrium', Rowe demonstrated that Van Eesteren had made an urban collage that respected the historic structure of the street layout in an almost post-modernist way.[15]

Besides his aesthetic critique, however, Hegemann had functional criticisms which hit home. His American experience had taught him that tall buildings raised considerable traffic problems.[16] Van Eesteren's design offered no solution to these. Although he had indeed thought about the traffic function in connection with the Rokin design, he had not yet realized that traffic in a modern metropolis had already grown to a volume with which the traditional street pattern could not cope. In early 1926, perhaps spurred on by Hegemann's critique of his inadequate traffic solution for Unter den Linden, Van Eesteren decided to enter a traffic scheme competition in Paris.

Van Eesteren spent the Christmas period of 1925 in Paris. His friend Georges Pineau told him that a competition had been announced for a plan to reorganize the traffic of the French capital. They soon decided to enter together. The result was a form of collaboration in which Pineau gathered the data and Van Eesteren prepared the design. This division of labour was certainly not arbitrary. They had made acquaintance in Paris in late 1923 owing to Pineau's enthusiasm for the De Stijl exhibition at Galerie L'Effort Moderne.[17] He told Van Eesteren on that occasion about the course he was following at the École des Hautes Études Urbaines. This was a training in town planning that existed nowhere else in Europe at the time, so Van Eesteren was very interested indeed.

The Paris course placed little stress on the design but gave all the more attention to the so necessary preliminary study. The compilation of a 'dossier urbain' in relation to a specific planning problem formed an essential part of the curriculum. Van Eesteren knew of course that a good design depends on good information being available, but the systematic way the Paris students were taught to collect urban data was new to him. Pineau lived in Paris and he would be able to submit the 'dossier urbain' for the competition plan as his graduation project, so it was a matter of course that Van Eesteren, with his design talent, would make the drawings. Their joint competition entry, which bore the motto 'Continuité' (derived from the traffic theory of the planner Léon Jaussely), was functionally superior to the winning plan for Unter den Linden, but this time Van Eesteren was unable to find an aesthetically satisfying solution for the interaction of high buildings and wide traffic roads within a historic cityscape. [fig.5, slides 32-38) The design thus failed to attract a prize, but despite the disappointment Van Eesteren

geïnspireerd door de kritiek van Hegemann op zijn tekort schietende verkeersoplossing voor Unter den Linden, besloot Van Eesteren begin 1926 om deel te nemen aan een verkeersprijsvraag voor Parijs.

Van Eesteren bracht de kerstdagen van 1925 door in Parijs. Zijn vriend Georges Pineau vertelde hem dat er een prijsvraag zou worden uitgeschreven voor de reorganisatie van het verkeer in Parijs. Dit leidde al snel tot het plan om gezamelijk deel te nemen. Er ontstond een vorm van samenwerking waarbij Pineau de gegevens verzamelde, terwijl Van Eesteren het ontwerp maakte. Deze taakverdeling was zeker niet toevallig. Zij hadden eind 1923 kennis met elkaar gemaakt in Parijs omdat Pineau enthousiast was over de De Stijl tentoonstelling bij Galerie L'Effort Moderne.[17] Bij die gelegenheid vertelde hij Van Eesteren over het onderwijs dat hij volgde aan de École des Hautes Études Urbaines. Dit was toen een opleiding in de stedenbouw die nog nergens in Europa bestond, dus Van Eesteren was zeer geïnteresseerd.
Het onderwijs in Parijs legde weinig klemtoon op het ontwerp, maar des te meer aandacht werd besteed aan het zo noodzakelijke en voorafgaande stedenbouwkundig onderzoek. Het samenstellen van een 'dossier urbain', naar aanleiding van een specifiek stedenbouwkundig probleem, vormde een essentieel onderdeel van de opleiding. Van Eesteren wist natuurlijk wel dat een goed ontwerp veronderstelt dat er goede informatie voorhanden is, maar de wijze waarop men in Parijs leerde om systematisch stedenbouwkundige gegevens te verzamelen was nieuw voor hem. Pineau woonde in Parijs, en het 'dossier urbain' voor de prijsvraagopgave kon hij als eindexamenwerkstuk indienen, dus het lag voor de hand dat Van Eesteren, met zijn talent als ontwerper, de tekeningen zou maken.
Hun gezamelijke prijsvraaginzending met motto 'Continuité', ontleend aan de verkeerstheorie van de stedenbouwkundige Léon Jaussely, was in functioneel opzicht superieur aan het bekroonde plan voor Unter den Linden, maar dit keer slaagde Van Eesteren er niet in om een esthetisch bevredigende oplossing te vinden voor de integratie van hoogbouw en brede autowegen in een historisch stadsbeeld [afb.5, dia 32-38]. Het ontwerp werd dan ook niet bekroond, maar ondanks deze teleurstelling vond Van Eesteren nieuwe inspiratie in zijn samenwerking met Pineau en in de verkeersproblemen van Parijs. De feitelijke gegevens waarover hij kon beschikken, maakten het hem duidelijk dat het compromis tussen historische stedelijke ruimte en moderne functionele eisen, zoals Berlage dat geformuleerd had, geen waarde meer had. Dit inzicht verbeeldde hij in september 1926 met een tekening die, zonder veel praktische aanleiding daartoe, gemaakt lijkt te zijn als het hoogtepunt van een expositie: 'Gedeelte der zakenwijk eener hedendaagsche stad'. [afb.6]
Kort na het ontstaan van deze tekening schreef hij aan Frieda Fluck het volgende. 'Man hat es nur bei Augenblicken, daß man zufrieden ist. Daß man in Gleichgewicht ist. Ich bin es momentan. Weil ich auf einmal spürte, während ich arbeitete, daß ich auf dem richtigen Wege bin. Daß wann ich so arbeitete, ich an meiner Arbeit und an mich selbst arbeitete. Daß die zwei eins sind. Daß ich so weiter komme. Ich hatte auf einmal einer Einblick in

found new inspiration in his collaboration with Pineau and in the traffic problems of Paris. The solid data available to him made it clear that the compromise between historic urban space and modern functional claims, as Berlage had formulated it, no longer had any value. He illustrated this insight in September 1926 with a drawing which, although without much practical occasion, appears to have been made as the centre-piece of an exhibition: 'Part of the business district of a modern city'. [fig.6]

Shortly after the completion of this drawing, he wrote to Frieda Fluck as follows. 'It is only at certain moments that you feel satisfied, that you are in equilibrium. I am now. Because suddenly I feel, as I work, that I am on the right road. That while I work thus, I am working both on the work and on myself. That the two things are one. That I am making progress this way. Suddenly I had an insight into various town planning problems. Everything looked clear and simple. I saw how everything could be made consistent, harmonious, without excluding life, chaotic life. I have been struggling for a long time to achieve this insight.'[18]

The drawing of the business district marks the point at which Van Eesteren, after years pondering and brooding, took final leave of Berlage. The properties of the 'urban elements' which in the competition designs 'élémentair', 'Gleichgewicht' and 'Continuité' were still partly masked by the order of the historic city plans within which they were anchored by purely aesthetic means, could now be examined with true objectivity. The business district was not

5

" CONTINUITÉ" Nº VI

verschiedenen städtebauliche Probleme. Ich sah alles klar, einfach. Ich sah wie sich eigentlich alles einheitlich, harmonisch gestalten kann, ohne das Leben, das chaotische Leben auszuschließen. Ich habe lange darum gerungen, um dieser Einblick zu bekommen.'[18]

De tekening van de zakenwijk markeert het punt waarop Van Eesteren, na jaren tobben en piekeren, definitief afscheid neemt van Berlage. De eigenschappen van de stedenbouwkundige elementen die bij de prijsvraagontwerpen 'élémentair', 'Gleichgewicht' en 'Continuité' nog deels verhuld werden door de orde van de historische stadsplattegronden waarin ze met louter esthetische middelen verankerd waren, konden nu werkelijk objectief aanschouwd worden. De zakenwijk is niet bedoeld om gebouwd te worden, de tekening verbeeldt slechts een schematische relatie tussen twee stedenbouwkundige elementen: hoogbouw en verkeer. Van Eesteren realiseerde zich dat de stad, althans in theorie, volledig desintegreerde tot een willekeurige opeenstapeling van programmatische eisen. Er bestonden anno 1926 geen ontwerpmethoden die niet waren afgeleid van historische stadsplattegronden. Een geheel nieuwe benadering van het ontwerp was vereist.
De betekenis van de tekening van de zakenwijk heeft Van Eesteren korte tijd later nog eens onderstreept door zijn bijdrage aan het jubileumnummer van het tijdschrift *De Stijl* te illustreren met deze verbeelding van een nieuwe stedenbouwkundige ontwerpmethode. Net als in de latere lezingen wordt het probleem van de moderne techniek – als een onbegrepen fenomeen – centraal gesteld. De traditionele stedenbouw berustte op de technische

6

meant to be built and the drawing illustrates no more than a schematic relation between two urban elements, tall buildings and traffic. Van Eesteren realized that the city, in theory at least, completely decomposed into an arbitrary accumulation of programmatic demands. In 1926 design methods that were not derived from historic city plans did not yet exist. An entirely new approach to the subject was required.

Van Eesteren emphasized the significance of the drawing of the business district soon afterwards by illustrating his contribution to the jubilee issue of the magazine *De Stijl* with this proposal for a new urban design method. Like his later lectures it centred around the problem of modern technology, as an uncomprehended phenomenon. Traditional city design was based on the technical resources of a pre-industrial past. Modern planning could only produce good results if modern technology, with all the possibilities it offered, were to be fully integrated into the design activity. 'Humanity', wrote Van Eesteren, 'is gradually becoming aware that it is the victim of an uncomprehended and uncontrolled development of technology. Insight into the essence of technology has not kept step with technological capability. The chaotic situation of our environment (the modern man-made landscape) and our places of residence (towns), and the inefficient interiors of our homes, are the tangible consequences of this lack of insight.'[19]

Urban elements

Shortly after his dramatic rift with Berlage's design methods, Van Eesteren started work on two new tasks. He produced a design for two schools and a number of housing blocks in The Hague, and he took up a teaching post in town planning at the Staatliche Bauhochschule in Weimar. The design for The Hague was prepared with due care, but it was bread and butter work. The teaching job in Weimar offered Van Eesteren the opportunity better to organize his thoughts about urban design in discussion with his students. This resulted in a number of important lectures which he clearly developed from those he gave to his students at Weimar. These lectures have never been published and are hence largely unfamiliar. Nonetheless, it is these lectures, in the form of gradually lengthening series of slides interspersed with extremely terse commentaries, that form the missing link between the assaults on Berlagian theory of Van Eesteren's competition designs and the functionalist aesthetic of the General Extension Plan for Amsterdam.

The images that he projected still give, some seventy years later, a telling exposition of the problems at the root of modern town planning. The most important of these was how to discover the functional demands entailed by various components of the city. As early as 1923, Van Eesteren had written a short memorandum in connection with his Prix de Rome commitments, in which he introduced the term 'urban elements'. Urban elements such as stations, dwellings, factories, viaducts etc. combine to make up the city. It is the task of the town planner to establish their proportion and functional relationship to one another and thereby to create a townscape. 'The foundations of this relationship', Van Eesteren wrote, 'reside on the one hand

mogelijkheden van een pre-industrieel verleden. Moderne stedenbouw kan alleen tot een goed resultaat leiden indien de moderne techniek, met al haar mogelijkheden, volledig in de ontwerparbeid wordt geïntegreerd. 'De mensheid', aldus Van Eesteren, 'begint zich lang-zamerhand bewust te worden, dat zij het slachtoffer is eener onbegrepen en onbeheerschte ontwikkeling der techniek. Het inzicht in het wezen der techniek is niet evenredig aan het technisch kunnen. De chaotische toestand waarin onze omgeving (het moderne cultuur-landschap) en onze woonplaatsen (steden) verkeeren, en de ondoelmatige inrichting onzer woningen zijn van dit gebrek aan inzicht de tastbare gevolgen.'[19]

Stedenbouwkundige elementen

Kort na de dramatische breuk met de ontwerpmethoden van Berlage begon Van Eesteren met twee nieuwe opdrachten. Hij maakte een ontwerp voor twee scholen en een aantal woningblokken in Den Haag, en hij ging onderwijs geven in de stedenbouw aan de Staatliche Bauhochschule in Weimar. Het Haagse ontwerp is met zorg gemaakt, maar dit was werk om brood op de plank te hebben. Het onderwijs in Weimar bood Van Eesteren de gelegenheid om in samenspraak met studenten zijn gedachten over stedenbouw wat meer te ordenen. Dit resulteerde in een aantal belangrijke voordrachten die duidelijk in samen-hang met colleges voor de studenten in Weimar zijn ontstaan. Deze voordrachten zijn nooit gepubliceerd en zodoende geheel onbekend. Toch zijn het deze gaandeweg langer wordende reeksen van dia's met hun uiterst spaarzame toelichtingen die de 'missing link' vormen tussen de Berlagebestormende prijsvraagontwerpen en het beeldende functio-nalisme van het Algemeen Uitbreidingsplan van Amsterdam.

De beelden die getoond werden laten ook zeventig jaar later nog altijd op treffende wijze zien welke problemen de essentie vormen van de moderne stedenbouw. Het gaat vooral om een juist inzicht in de functionele eisen die verschillende onderdelen van de stad met zich meebrengen. Hierover had Van Eesteren al in 1923, in het kader van zijn Prix-de-Rome-verplichtingen, een korte nota geschreven waarin de term 'stedenbouwkundige elementen' werd geïntroduceerd. Stedenbouwkundige elementen, zoals stations, woonhuizen, fabrieken, viaducten en dergelijke vormen samen de stad. Het is de opgave van de stedenbouwkundi-ge hun verhouding ten opzichte van elkaar vast te stellen en op deze wijze een stadsbeeld te vormen. 'De grondslagen van deze verhouding', aldus Van Eesteren, 'liggen enerzijds in de praktische technische en economische verhouding en anderzijds bij de ont-werper. (...) Eerlijkheid tegenover het leven is in deze een gebiedende eis.'[20] Van Eesteren was zich bewust dat hij toen pas aan het begin van een lange tocht stond, want hij eindigde zijn bericht met de opmerking: 'Natuurlijk zijn er een groot aantal factoren welke de meest gewenste stadsvorm bepalen. Deze moeten allen op zichzelf onderzocht worden. Het voor-gaande is bedoeld als leidraad hoe dit geschieden kan. De elementaire grondbeginselen moeten steeds worden opgespoord.'[21]

in the practical, technical and economic relationships, and on the other with the designer. (...) Honesty towards life is here an imperative requirement.'[20] Van Eesteren was aware that he then stood only at the beginning of a long journey, for he concluded his paper with the comment: 'Naturally there are very many factors that determine the most desirable city form. These must all be investigated in their own right. The above is meant as a guideline on how this could take place. The elementary principles must always be sought.'[21]

Later he elaborated these ideas further. The needs of teaching at Weimar prompted Van Eesteren to gradually build up a complete overview of the elements that go together to form the modern city. Unlike in 1923, when he made an assiduous effort to put all his ideas about urban elements into words, in 1927 and later he made extensive use of visual material, notably transparencies. He was fully convinced that this visual material spoke so strongly for itself that explanatory comments were scarcely needed. He demonstrated his views on the modernization of the urban design process by showing his audience the components from which the modern city is actually composed and they were thus given the opportunity to 'get to know the city again'. All the images show elements that are 'technically pure', i.e. not consciously designed but a materialization of functions. In his notes for the lectures, Van Eesteren generally sufficed with a single caption or at most a short sentence per slide.

This method of conveying his ideas proved so much to Van Eesteren's liking that he continued using it for years, not only at Weimar but in lectures he gave elsewhere, in Stuttgart, Berlin, Antwerp, Rotterdam and finally, in 1933, in Athens. His appearance in Athens constituted the swan song of this series of lectures on the urban design in general. After 1933, Van Eesteren almost invariably discussed the Amsterdam General Extension Plan, describing his design in accordance with the Explanatory Memorandum to the Plan, namely without using the term 'elements' and solely by reference to the four 'functions' – work, habitation, recreation and traffic.

The fact that it was the important CIAM Congress in Athens that gave him occasion to re-use a selection from the series of urban element images he had built up in the preceding years, indicates that although his views on urban design may have been broadened and deepened by his experiences in Amsterdam, they remained essentially unchanged. This also came out in his two other lectures of 1933, both titled 'on certain principles of contemporary town planning', in which Van Eesteren combined slides of Amsterdam from the collection of the Public Works Department with the series of elements he had displayed in the lectures of the late twenties[22]; thus in his eyes there was no difference between the elements in general and the concrete planning data for Amsterdam.

The first lists of slides, with notes for image-by-image commentaries and in some cases with an introductory passage, date from 1927. They belong to a lecture given before the architectural association Opbouw in Rotterdam and to a lecture to the students in Weimar. From a third lecture, given in Stuttgart in October, only the extremely concise introduction has been preserved, but newspaper reports make it clear that a substantial amount of illustrative material was shown on this occasion. In Berlin a few months later, in January 1928, he showed over

Deze gedachten werden later verder uitgewerkt. Het onderwijs in Weimar noodzaakte Van Eesteren om langzamerhand een compleet overzicht samen te stellen van de elementen die met elkaar de moderne stad vormen. Anders dan in 1923, toen hij moeizame pogingen had gedaan om al zijn ideeën over stedenbouwkundige elementen onder woorden te brengen, maakte hij in 1927 en later vooral gebruik van beeldmateriaal, in de vorm van dia's. Dit beeldmateriaal, zo was zijn stellige overtuiging, sprak zo sterk voor zichzelf dat het nauwelijks toelichting behoefde: hij demonstreerde zijn opvattingen over de modernisering van het stedenbouwkundig ontwerp door te laten zien uit welke onderdelen de moderne stad eigenlijk is opgebouwd – zijn gehoor kreeg aldus de gelegenheid om de stad 'opnieuw te leren kennen'. De getoonde beelden laten altijd elementen zien die 'technisch zuiver' zijn, dat wil zeggen niet opzettelijk vormgegeven, maar een materialisering van functies. In zijn notities voor de lezingen beperkte Van Eesteren zich doorgaans tot een enkel trefwoord, hooguit een kort zinnetje per dia.

Deze werkwijze beviel Van Eesteren zo goed dat hij er jarenlang gebruik van bleef maken. Niet alleen in Weimar maar ook bij lezingen die hij elders hield, in Stuttgart, in Berlijn, in Antwerpen, in Rotterdam en, tenslotte, ook in Athene, in 1933. Zijn optreden in Athene vormde de zwanenzang van deze reeks lezingen over het stedenbouwkundig ontwerp in het algemeen. Na 1933 sprak Van Eesteren namelijk vrijwel altijd over het Algemeen Uitbreidingsplan van Amsterdam en hierbij beschreef hij zijn ontwerp zoals het in de Nota van Toelichting wordt verklaard, dat wil zeggen: zonder de term elementen en uitsluitend met behulp van de vier 'functies' – werken, wonen, recreatie en verkeer.

Dat hij juist bij de belangrijke CIAM-bijeenkomst in Athene, nogmaals een selectie maakte uit de reeks stedenbouwkundige elementen die in de voorgaande jaren gestalte had gekregen, geeft aan dat zijn visie op het stedenbouwkundig ontwerp door de ervaringen in Amsterdam wel verbreed en verdiept maar niet wezenlijk gewijzigd werd. Dit kwam ook tot uitdrukking in twee andere lezingen uit 1933, beide getiteld 'over eenige beginselen van de hedendaagsche stedebouw', waarbij Van Eesteren dia's van Amsterdam, uit de collectie van de Dienst der Publieke Werken, combineerde met de reeks elementen die hij eind jaren twintig bij voordrachten had vertoond[22]; er was dus, in zijn ogen, geen verschil tussen de elementen in het algemeen en de concrete plangegevens voor Amsterdam.

De eerste lijsten van dia's, met notities voor commentaar 'bij de plaatjes' en al dan niet met een inleidend woord, dateren uit 1927. Zij behoren bij een lezing voor de architectenvereniging Opbouw in Rotterdam en bij een college voor de studenten in Weimar. Van een derde voordracht, in oktober in Stuttgart, is alleen de uiterst beknopte inleiding bewaard gebleven, maar uit de verslagen in de kranten blijkt duidelijk dat het beeldmateriaal bij deze gelegenheid omvangrijk was. Enkele maanden later, in januari 1928 in Berlijn, toonde hij ruim negentig dia's en met deze 'stedenbouwkundige film' gaf hij een zeer compleet overzicht van de toenmalige stand van zaken in de stedenbouw.

ninety slides, an 'urban movie' that gave a very comprehensive overview of the state of town planning at the time.

A lecture for Opbouw

The lecture given to the members of Opbouw begins with a number of fundamental observations on the task of the urban designer. Many issues are touched on, such as garden cities, children's playgrounds within perambulator distance, green belts, sports fields and zoning: 'Our residential and working centres ought to be laid out and built with respect to needs, to life itself, that is to say they must meet demands relating to hygiene, employment opportunities, traffic, leisure etc.'[23] Van Eesteren pleads for functional planning: 'Town planning, and this is something I must emphasize, does not consist of more or less adroitness in designing cityscapes full of effects.'[24] He then pictures the changes that the decentralization of the city entails for thinking on town planning. Such world cities as Paris, London, New York and Berlin already demonstrate how the city and its surrounding countryside fuse into a metropolitan region. The urbanist must anticipate this process, he must seek 'a new configuration, a new composition, a new basis for the grouping of human settlements.'[25] The modern city must, before all else, excel in satisfying its purpose, and the relation of the city to the countryside plays an important part in this. The city is obsolete as a closed form: within the metropolitan region both centralization and decentralization take place. 'In town planning, a unity, a balance between these two movements must be sought.'[26]

Following this introduction, Van Eesteren projected his slides. He started with an aerial photograph of Overschie (slide 78): 'An organically developed village', according to the notes, 'an organic accretion of dwelling units which has not exceeded its natural limitations. Otherwise it would have become chaotic.'[27] This theme, order versus chaos, was then elaborated on by reference to cities of various eras. The photograph of Overschie shows not only the village but 'an example of a man-made landscape. The ground surface is here entirely formed by human action', and is laid out with simplicity and efficiency. Nîmes and Rome demonstrate what happens when a simple 'accretion of dwelling units' expands to become a city: the result is chaos. Only the antique amphitheatre in Nîmes and St. Peter's in Rome stand out as monuments of culture amid the disordered sea of 'dwelling units'. Even the attempts to create order in Rome during the Baroque yielded only very limited results, because the problem of the dwelling was disregarded. (slide 6)

Following these two historical examples, Van Eesteren presented present-day images of a boxing match in New York and of the Cathedral in Cologne. (slide 15) New York is dominated by 'modern chaos: the essence of the modern non-classical city which has not yet achieved new form'. (slide 17) Cologne, too, is a 'modern chaos, with elements from different eras which have not been processed into a unity.' Unter den Linden, he added here, 'is a similar case, similarly with elements from various eras.' However, before turning attention specifically to

De lezing voor de leden van Opbouw begint met een aantal principiële opmerkingen over de taak van de stedenbouwkundig ontwerper. Het gaat om vele zaken, zoals tuinsteden, kinderspeelplaatsen op kinderwagenafstand, parkgordels en sportterreinen en zoning: 'Onze woon- en arbeidscentra behoren tegenwoordig namelijk aangelegd en gebouwd te worden ten opzichte van de behoeften, het leven zelf, dat wil zeggen, ze moeten voldoen aan eisen betreffende hygiëne, arbeidsverdeling, verkeer, ontspanning enzovoort.'[23] Van Eesteren pleit voor functionele stedenbouw: 'Stedebouw, en hierop moet ik de nadruk leggen, bestaat niet uit met meer of minder handigheid effectvolle stadsbeelden ontwerpen.'[24]

Vervolgens wordt een beeld geschetst van de veranderingen die de decentralisering van de stad met zich meebrengt voor het stedenbouwkundig denken. Wereldsteden als Parijs, Londen, New York en Berlijn demonstreren reeds hoe de stad en het omringende land versmelten tot een stadsgewest. De urbanist moet hierop anticiperen, hij moet zoeken naar 'een andere constellatie, een andere samenstelling, een ander wezen van de groepering van de menselijke woonplaatsen.'[25] Voor alles dient de moderne stad optimaal aan haar doel te beantwoorden, waarbij ook de verhouding tussen stad en land van groot belang is. De stad als gesloten vorm is overwonnen: binnen het stadsgewest is zowel sprake van centralisatie als van decentralisatie – 'in de stedebouw moet naar een eenheid, een evenwicht tussen deze twee bewegingen gezocht worden.'[26]

Na deze korte inleiding vertoonde Van Eesteren zijn lichtbeelden. Hij begon met een luchtfoto van Overschie (dia 78): 'Een organisch gegroeid dorp', aldus de toelichting, 'een organische aanzetting van wooncellen, welke niet boven haar natuurlijke grens gegaan is. Anders was het een chaos geworden.'[27] Dit thema, orde versus chaos, wordt vervolgens uitgewerkt met behulp van diverse steden in verschillende tijdperken. De opname van Overschie laat behalve het dorp ook 'een voorbeeld van een cultuurlandschap' zien: 'Het aardoppervlak is hier geheel door de mens gevormd', simpel en doelmatig ingericht. Nîmes en Rome demonstreren wat er gebeurt wanneer een simpele 'aanzetting van wooncellen' uitgroeit tot een stad: dan ontstaat chaos. Alleen het oude amfitheater in Nîmes en de St. Pieter in Rome onderscheiden zich, als monumenten van cultuur, in deze ordeloze zee van 'wooncellen'. Ook de pogingen ten tijde van de Barok om orde te scheppen in Rome hebben slechts zeer beperkt resultaat opgeleverd omdat hierbij het probleem van de woning veronachtzaamd werd. (dia 6)

In aansluiting op deze twee historische nederzettingen toonde Van Eesteren actuele beelden van een boxmatch in New York en van de Dom in Keulen. (dia 15) In New York heerst 'moderne chaos: het wezen der moderne a-classicistische stad, die nog niet tot nieuwe vorm gekomen is.' (dia 17) Ook in Keulen heerst 'moderne chaos: met elementen uit verschillende tijdperken, welke niet tot een nieuwe eenheid verwerkt zijn. Unter den Linden', zo wordt hier alvast aan toegevoegd, 'is een dergelijk geval. Ook met elementen uit verschillende tijdperken.' Voorafgaande aan Berlijn kwam echter eerst Parijs aan de orde.

Berlin, he dealt with Paris. At the beginning of the seventeenth century the centre of Paris was 'like Overschie. Organic order. The pace of life and public awareness were in balance with form. Unity of life and form.' The historic impression was followed by a number of slides of present-day Paris with the boulevards of Haussmann. (slide 3) These shots were taken from the Arc de Triomphe, the Eiffel Tower and from an aeroplane, and make it clear that behind the nineteenth-century façades of the boulevards, chaos is still rampant: 'The pace of life (streets) and aware-ness (dwelling) are not in balance.' (slides 4 and 16) With reference to the Place de L'Étoile, Van Eesteren noted: 'Traffic, asphalt, effects of the material. (slide 30) Example of modern material contradictions in city design.' Only fragments of the historic, harmoniously developed Paris remained, for instance the Place de L'Odéon (slide 5): 'Example of balance between form and life from another era. Pace and form are in balance too. Coach and horses – dimensions of the square.' The Longchamp racecourse in the Bois de Boulogne (slide 43) is praised as a 'functional application of greenery and open space in the urban plan. Also gives an impression of the vast masses of people that have to be transported in large cities.'

After the chaotic image presented by Paris when seen from the air, Burnham's plan for Chicago, also seen in bird's eye view, was a paragon of order. Unlike the large, labyrinthine perimeter blocks of Paris, the building development of Chicago had clearly been governed by strict plan-ning regulations. But not even Burnham had sufficient insight into the functioning of the city when he made this design between 1906 and 1909. It is better than Paris, Van Eesteren concluded, but does not provide 'a correct distribution of functions, at least not for a major metropolis.'

The next image related to a second imaginary city in America, namely an arbitrary juxtaposition of many different kinds of buildings. (slide 18) It had been produced by a construction company to advertise the variety of buildings they had erected over the years. This remarkable 'cityscape' was a telling demonstration of what was wrong with the modern city. This slide was used over and over again: Van Eesteren generally restricted his notes to the notion 'Elements of a modern city. Units of the metropolis' and for the rest relied on the inspiration of the moment.

The urban elements were given quantities that Van Eesteren accepted as they are. They constitute the working material of the town planner. The problem the designer had to solve lay in determining the mutual relation of the elements, for the chaos of the modern city was a result of the arbitrary placement of the elements in the urban plan. To bring improvement to this situation, it was necessary to study these urban components carefully. Van Eesteren indicated this by displaying an extremely curious aerial photograph of a football pitch situated in com-plete isolation on a plain of sand: 'One of the elements of the modern city plan that must be completely understood if it is to be correctly placed.' [fig.7]

After showing these images to illustrate the theme of order and chaos and introducing the 'urban element' as an analytical key for fathoming the functions and forms of settlements, Van Eesteren used his designs for Rokin and Unter den Linden to demonstrate how one could design by using urban elements. The Rokin plan was treated very concisely: the bird's eye view was accompanied by the comment 'example of a functional improvement to the city centre. Car

Het centrum van Parijs, aan het begin van de zeventiende eeuw, was 'als Overschie. Organische orde. Levenstempo en inzicht waren in evenwicht met vorm. Eenheid van leven en vorm.' De historische impressie wordt gevolgd door enkele dia's van het bestaande Parijs met de boulevards van Haussmann. (dia 3) Deze opnamen zijn vanaf de Arc de Triomphe, vanaf de Eiffeltoren en uit een vliegtuig gemaakt, zodat duidelijk is te zien dat achter de negentiende-eeuwse gevels van de boulevards nog steeds chaos heerst: 'Levenstempo (straten) en inzicht (woning) niet in evenwicht.' (dia 4 en 16) Bij de Place de l'Étoile noteerde Van Eesteren: 'Verkeer, asfalt, werking van het materiaal. (dia 30) Voorbeeld van moderne materiaaltegenstellingen in stedebouw.' Van het historische, evenwichtig opgebouwde Parijs waren alleen nog wat brokstukken overgebleven, zoals de Place de l'Odéon (dia 5): 'Voorbeeld van evenwicht tussen vorm en leven uit een ander tijdperk. Ook tempo en vorm zijn in evenwicht. Karos - afmetingen plein.' De renbaan Longchamp, in het Bois de Boulogne (dia 43), wordt geprezen als een 'functionele toepassing van groen en open ruimte in het stadsplan. Geeft tevens een indruk van de geweldige mensenmassa's die in grote steden moeten worden verplaatst.'

Na het chaotische beeld dat Parijs biedt, vanuit de lucht gezien, vormt het plan van Burnham voor Chicago, eveneens gezien in vogelvluchtperspectief, een toonbeeld van orde. In tegenstelling tot de grote, labyrintische bouwblokken van Parijs, is de bebouwing in Chicago duidelijk door streng geformuleerde bebouwingsvoorschriften gereguleerd. Toch beschikte ook Burnham nog niet over voldoende inzicht in het functioneren van de stad toen hij dit ontwerp tussen 1906 en 1909 maakte. Het is beter dan Parijs, constateerde Van Eesteren, maar het geeft 'geen juiste functieverdeling, in elk geval niet in een miljoenenstad.'

Vervolgens kwam een tweede denkbeeldige stad in Amerika aan de orde, namelijk een verzameling van allerlei verschillende gebouwen die willekeurig bij elkaar zijn gezet. (dia 18) Dit was een advertentie van een bouwondernemer die wilde laten zien wat hij in de loop der jaren gebouwd had. Dit merkwaardige 'stadsbeeld' liet op treffende wijze zien, wat er eigenlijk mis was met de moderne stad. Deze dia werd keer op keer gebruikt; meestal beperkte Van Eesteren zich tot de notitie 'Elementen van een moderne stad. Eenheden van de wereldstad' en vertrouwde hij voor het overige op de inspiratie van het moment.

De elementen zijn gegevens die Van Eesteren volledig accepteerde: ze vormen het materiaal van de stedenbouwer. Het probleem dat de ontwerper moet oplossen ligt in de bepaling van de onderlinge relatie van de elementen, want de chaos in de moderne stad komt voort uit de willekeurige plaatsing van de elementen in het stadsplan. Om hierin verbetering te brengen is het noodzakelijk dat men deze onderdelen van de stad zorgvuldig bestudeert. Van Eesteren gaf dit aan door een hoogst curieuze luchtfoto van een voetbalveld te tonen, dat volledig geïsoleerd op een zandvlakte ligt: 'Eén der elementen van het moderne stadsplan die volledig begrepen moeten zijn om juist te kunnen worden gesitueerd.' [afb. 7]

Na deze beelden bij het thema orde en chaos en de kennismaking met het 'stedebouwkundig element' als analytische sleutel voor het doorgronden van de functies en de

park – skyscraper. Asphalt surface'. For the cross-section, Van Eesteren noted 'How I picture the architecture of the functional city.' Apparently he expected criticism on this point, for the argument proceeded with a slide showing a sea of illuminated advertising signs in New York. This was in his view 'one of the elements that help prevent the functional city from turning rigid.' [fig.8]

Unlike Rokin, Unter der Linden received considerable attention in the lecture. Van Eesteren traced the long history of this 'prestige street' with a sequence of ten slides (60-70). This was important to help the audience understand the leitmotif of the design, which was also expressed by the motto 'Gleichgewicht'. Van Eesteren regarded the 'contrast between old and new' in his design, the 'equilibrium of contrasts' between the eastern part of Unter den Linden with its free-standing monumental buildings and the radically renewed western part, as a legitimate reinterpretation of long-existing contrasts in the structure of Friedrichstadt.

The Opbouw lecture concluded with two recent photographs of Detroit and New York respectively, which Van Eesteren had been sent by his Danish friend Lønberg Holm who had emigrated to America. They were spectacular images of skyscrapers, cityscapes that did not exist anywhere in Europe at the time. The first slide showed a steel skeleton of a hotel under construction, the Book-Cadillac Hotel in Detroit – 'As an example', explained Van Eesteren, 'to show you what the elements are that the urbanist must take account of in the future, which he must have completely absorbed and which he must know as a painter knows his paint or an engineer his materials.' (slide 75)

The second slide showed the just completed Shelton Hotel on Park Avenue, New York, which had been constructed in accordance with the requirements of the new zoning law. Van Eesteren described it as an 'example of set-back skyscrapers. Proof of their efficiency and usability. In this way the city becomes truly 3-dimensional and the architecture can reach a new level.

7

verschijningsvorm van nederzettingen, demonstreerde Van Eesteren met behulp van zijn ontwerpen voor het Rokin en voor Unter den Linden hoe hij met elementen kon ontwerpen. Het Rokin-ontwerp werd heel beknopt behandeld: 'Voorbeeld van een functionele verbetering van de binnenstad. Autopark – wolkenkrabber. Asfaltvlak', zo luidde het commentaar bij de vogelvluchttekening, en voor de doorsnede noteerde Van Eesteren: 'Hoe ik mij de architectuur van de functionele stad voorstel.' Klaarblijkelijk verwachtte hij op dit punt kritiek, want het betoog werd voortgezet met een dia waarop een zee van lichtreclames in New York is te zien: dit was, zijns inziens, 'een der elementen die er voor zorgen dat de functionele stad niet verstart.' [afb. 8]

Anders dan het Rokin kreeg Unter den Linden zeer veel aandacht; met name de lange geschiedenis van deze 'Prachtstraße' werd hierbij met behulp van tien dia's (60-70) getraceerd. Dit was van belang voor een goed begrip van het leidmotief van het ontwerp, dat ook in het motto, 'Gleichgewicht', tot uitdrukking komt. Van Eesteren beschouwde het 'contrast tussen oud en nieuw' in zijn ontwerp, het 'Gleichgewicht von Konstrasten' tussen het oostelijk deel van Unter den Linden, met zijn vrijstaande monumentale gebouwen, en het radicaal vernieuwde westelijk deel, als een legitieme herinterpretatie van reeds lang bestaande contrasten in de opbouw van de Friedrichstadt.

De lezing voor Opbouw werd besloten met twee actuele opnamen van Detroit en van New York die Van Eesteren uit de Verenigde Staten waren toegezonden door zijn geëmigreerde Deense vriend Lnberg Holm. Het waren spectaculaire beelden van hoogbouw, stadsbeelden die toen in Europa nog nergens te vinden waren. De eerste dia liet het staalskelet zien van een hotel in aanbouw, Book-Cadillac in Detroit: 'Als voorbeeld', aldus Van Eesteren, 'om u te doen zien welke de elementen zijn waarmede de urbanist voor de toekomst moet rekenen en die hij geheel in zich moet hebben opgenomen en die hij moet kennen als een schilder de verf en de ingenieur zijn materialen.' (dia 75)

De tweede dia toonde het zojuist voltooide Shelton-Hotel aan de Park Avenue in New York, dat was gebouwd volgens de regels van de nieuwe 'zoning-law'. Van Eesteren beschreef het als 'voorbeeld van teruggeplaatste wolkenkrabbers. Bewijs van hun doelmatigheid en bruikbaarheid. Op deze manier wordt de stad werkelijk 3 dimensionaal en kan de architectuur ook op een ander niveau komen. Middel om doorbraken praktisch (financieel) en esthetisch te beheersen.' (dia 76) Deze Amerikaanse indrukken, waarover Van Eesteren al eerder had gepubliceerd in *Het Bouwbedrijf* en het *Bouwkundig Weekblad*[28], vormden het bewijs voor de, zij het ook op de toekomst georiënteerde, realiteitszin waarmee zijn eigen ontwerpen waren gemaakt.

In de lezing voor Opbouw had Van Eesteren zich tot de meer concrete aspecten van het stedenbouwkundig waarnemen beperkt. Overschie, Nîmes, Rome, Parijs en Berlijn: het waren allemaal voorbeelden die zijn toehoorders wel uit eigen aanschouwing kenden. Maar Van Eesteren probeerde voorzichtig om deze bekende beelden vanuit een ander, meer stedenbouwkundig perspectief te laten zien. De fotografie, in het bijzonder de luchtfotografie en het werk van fotografen die waren beïnvloed door de Nieuwe Zakelijkheid, speelde hierbij

Means of controlling road-widening schemes practically (financially) and aesthetically.' (slide 76) These American impressions, about which Van Eesteren had previously published articles in *Het Bouwbedrijf* and in *Bouwkundig Weekblad*[28], provide proof of the sense of reality – admittedly future-oriented – with which he made his own designs.

In the Opbouw lecture, Van Eesteren restricted himself to the more concrete aspects of urban perception. Overschie, Nîmes, Rome, Paris and Berlin: they were all examples that his audience had seen for themselves. But he was cautiously trying to reveal these familiar images from a new, more urbanistic perspective. Photography, particularly the aerial photography and the work of photographers influenced by the New Realism, played an important part here. 'It may be said', wrote Moholy-Nagy in part 8 of the *Bauhaus Bücher*, 'that we see the world with completely new eyes owing to the contribution of so-called "defective" photographs (high-angle, low-angle, skew shots).'[29] To some extent owing to the camera, it was possible to see the city in a different light.

The traditional cityscape, with its perspective rules, was gradually making way for a totally different vision of the city in which dynamics, movement and surprising details claimed attention. The rushing traffic and the anonymous masses who populated the pavements were favourite photographic themes, as were railway stations (preferably seen from above), industrial complexes and the steel skeletons of viaducts and cranes. Photographers took shots of streets from on high and towering skyscrapers from below. Countless aerial photos presented the city as a practical affair which was evidently more geographical than architectural in character.

8

een belangrijke rol. 'Man kann sagen', schreef Moholy-Nagy in deel 8 van de *Bauhaus Bücher,* 'daß wir die Welt mit vollkommen anderen Augen sehen, wozu auch die sogenannten "fehlerhaften" Photoaufnamen beigetragen haben (Aufsicht, Untersicht, Schrägsicht)'.[29] Mede dankzij de camera leerde men de stad opnieuw kennen.

Het traditionele stadsbeeld, met zijn perspectivistische regels, maakte langzamerhand plaats voor een totaal andere visie op de stad waarin vooral dynamiek, beweging en verrassende details de aandacht opeisten. Het voorbij razende verkeer en de anonieme massa's die de trottoirs bevolkten werden geliefde thema's, net als spoorwegstations, liefst vanuit de lucht gezien, industriecomplexen en de staalconstructies van viaducten en hijskranen. Men fotografeerde straten, van boven gezien, en hoog oprijzende wolkenkrabbers, van onderen gezien, en tenslotte brachten ook de talrijke luchtfoto's de stad in beeld als een zakelijk gegeven, dat evident meer geografisch dan bouwkunstig van aard is.

Uit de foto's die Van Eesteren zelf maakte (dia 4, 5, 16, 30 en 43), met name in Parijs, blijkt dat hij zich terdege bewust was van de mogelijkheden die de camera bood om stedenbouwkundige elementen helder en scherp in een kader te plaatsen. [afb.9] Afgezien van de fotografische finesses doen zijn foto's en de opnamen die Holm in Amerika maakte niet onder voor het werk van Germaine Krull, Renger-Patzsch, Kertesz en andere toonaangevende fotografen. Moholy-Nagy nam een foto van Holm op in zijn *Dynamik der Großstadt - Skizze zu einem Filmmanuskript* [afb.10] en ook in het fotoboek dat Erich Mendelsohn in 1926 publi-

9

The photographs that Van Eesteren took himself (slides 4, 5, 16, 30 and 43), mainly in Paris, show that he was well aware of the scope the camera offered for depicting urban elements clearly and in context. [fig.9] Apart from the photographic subtleties, his photography and that of Holm in America is in no way inferior to the work of Germaine Krull, Renger-Patzsch, Kertesz or other prominent photographers. Moholy-Nagy included a photo by Holm in his *Dynamik der Großstadt - Skizze zu einem Filmmanuskript* [fig.10], and the book of photographs published by Erich Mendelsohn in 1926, *Amerika - Bilderbuch eines Architekten*, reproduces seventeen shots by Holm (to the considerable anger of Holm, for this occurred without his permission or even mention of his name).[30]

Van Eesteren naturally soon learned that making ones own photographs was a somewhat laborious business, and the ability to have slides made from illustrations in books and magazines more or less brought an end to his photographic 'observation studies'. In his lectures, however, he still made telling use of modern photography. The illustrative material he showed to the members of Opbouw was original, if not avant-garde, in character. The aerial images of cities show little sign of the well-known 'urban beauty'. The 'boxing match in New York' he showed was in fact a photomontage by Paul Citroen taken from *Malerei - Photographie - Film*, and the slides of Paris, which were largely his own work, were more educational than flattering. The advertisement of the American construction company and the totally isolated football pitch were similarly surprisingly instructive, unexpected images.

10

ceerde, *Amerika - Bilderbuch eines Architekten*, zijn zeventien foto's van Holm afgedrukt. Tot grote woede van Holm overigens, want dit gebeurde zonder zijn toestemming en zonder vermelding van zijn naam.[30]

Van Eesteren ontdekte natuurlijk al snel dat zelf fotograferen nogal omslachtig is, en de mogelijkheid om dia's te laten maken van afbeeldingen in boeken en tijdschriften betekende min of meer het einde van zijn fotografische 'Beobachtungsstudien'. Bij zijn voordrachten maakte hij echter wel trefzeker gebruik van de moderne fotografie. Het beeldmateriaal dat hij aan de leden van Opbouw toonde was origineel, zo niet avant-gardistisch van aard. De luchtfoto's van steden herinneren niet of nauwelijks aan het bekende 'stedenschoon'. De 'boxmatch in New York' die hij liet zien was in feite een 'Photoplastik' van Paul Citroen, overgenomen uit *Malerei - Photographie - Film* en de dia's van Parijs, merendeels eigen opnamen, waren weinig flatterend maar wel leerzaam. Ook de advertentie van de Amerikaanse bouwondernemer en het geheel geïsoleerde voetbalveld waren verrassend instructieve vondsten.

In Weimar liet Van Eesteren zijn studenten ook kennis maken met een wat meer abstracte benadering van het stedenbouwkundig ontwerpen. Dit gebeurde door middel van een kaart van York, waarop is aangegeven waar de verschillende bevolkingsgroepen wonen (dia 49), en een kaart van Kiel met de toekomstige recreatievoorzieningen, ontworpen door Leberecht Migge.[31] [afb.11] Laatstgenoemde kaart beschouwde Van Eesteren als een goed voorbeeld van 'zoning'.

Bij de luchtfoto van Keulen (dia 15) merkte hij ditmaal op: 'Gotische kerk, station. Toevalligheden. Men moet deze in de stedebouw niet uitsluiten maar juist opnemen in het plan – doordenken. Als men het leven en de werkelijkheid uit het oog verliest, wordt het resultaat schematisch en doods.'[32] Verder toonde hij de groenschema's van Eberstadt, Möhring en Petersen uit 1910 (dia 45-46), gevolgd door het ontwerp voor Keulen van Fritz Schumacher: een topografisch concreet plan voor de groenvoorzieningen en een geschematiseerde versie. (dia 47-48)

Tot slot kwam ook de tuinstad vrij uitvoerig aan de orde, waarbij verschillende theoretische modellen en gerealiseerde voorbeelden de revue passeerden. De schema's van Howard uit *Garden Cities of To-Morrow* werden behandeld met een tweetal voorbeelden van plannen voor de decentralisatie van Londen en Parijs door middel van een ring van tuinsteden. (dia 54, 55, 58, 59) Beelden van Hampstead, Letchworth en Vreewijk vormden het bewijs voor de praktische uitvoerbaarheid van dergelijke pogingen om de stad te reorganiseren. (dia 56) Van Eesteren had één bezwaar tegen de gangbare opvattingen inzake de tuinstad: men veronderstelde ten onrechte dat het historische dorp, met al zijn stedenbouwkundige en sociale charmes, in de tuinstad zou kunnen herleven. (dia 57) Naar zijn mening was het beter om de tuinstad te beschouwen als een onderdeel van een grootstedelijk geheel, als een satellietstad met alle stedenbouwkundige en sociale consequenties van dien. Het zou daarom juister zijn om de tuinstad te definiëren als 'een voorbeeld van zoning'.[33]

In Weimar, Van Eesteren acquainted his students with a rather more abstract approach to urban design. He did so by reference to a map of York showing the distribution of various population groups (slide 49) and to a map of Kiel with future recreational facilities marked, designed by Leberecht Migge.[31] [fig.11] Van Eesteren regarded the latter map as a good illustration of zoning.

In relation to the aerial photograph of Cologne (slide 15), he noted the following: 'Gothic cathedral, station. Random incidents. These must not be excluded from urban planning but on the contrary included in the plan – think it through. If one loses sight of life and reality, the result becomes schematic and deadly.' [32] He went on to show images of green area schemes by Eberstadt, Möhring and Petersen dating from 1910 (slides 45-46), followed by Fritz Schumacher's design for Cologne: a topographically concrete plan for green areas and a schematic version. (slides 47-48)

Finally, the garden city came in for detailed attention with a review of various theoretical models and examples of completed schemes. The diagrams from Howard's *Garden Cities of Tomorrow* were represented by two examples of plans for the decentralization of London and Paris respectively by means of a ring of satellite garden towns. (slides 54, 55, 58, 59) Images of Hampstead, Letchworth and Vreewijk provided proof of the practical feasibility of such efforts to reorganize the metropolis. (slide 56) Van Eesteren did have one objection to the usual views on the garden city: it was wrong to suppose that the structural and social attractions of the traditional village could be revived in the garden city. (slide 57) In his view it was better to regard the garden city as part of a metropolitan whole, i.e. as a satellite town, and to accept the consequences for planning and the community. It would therefore be more correct to define the garden city as 'an example of zoning'.[33]

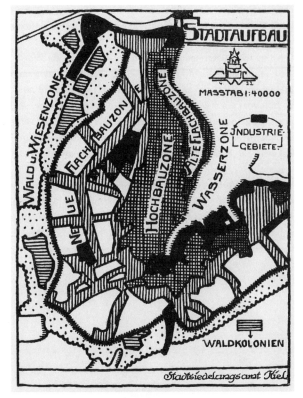

11

In het kader van de Werkbund-tentoonstelling 'Die Wohnung', beter bekend als de Weissenhofsiedlung, hield Van Eesteren op 13 oktober 1927 een lezing in Stuttgart. Hiervan zijn alleen de notities voor de inleiding bewaard gebleven. De recensies van zijn optreden in de grote collegezaal van de Technische Hochschule in het *Stuttgarter Neues Tageblatt* en in de *Württemberger Zeitung* geven echter een levendig beeld van de indruk die deze voordracht had gemaakt.

Het is tegenwoordig noodzakelijk, stelde Van Eesteren in Stuttgart vast, dat de actuele stand van zaken in de stedenbouw in brede kring bekend is omdat belangrijke beslissingen langs democratische weg genomen worden. Omdat hij op deze beslissingen niet vooruit wilde lopen, kon Van Eesteren ook geen definitieve oplossing voor de problemen van de stad voorleggen. Hij wilde een doorsnede geven van de stedenbouw in het algemeen, een blik op de toekomst werpen en enige stedenbouwkundige methoden bespreken – uitgaande van het idee dat de functies van stad en land van primaire betekenis zijn. Stedenbouw, stelde Van Eesteren, is orde scheppen in stad en land en door deze ordening kan men de vorm beheersen.

Het ging hierbij om wezenlijke vorm: 'Das Leben selbst wird so gestaltet', het is een poging om vorm te geven aan de realiteit. Daarom vond hij het ook zinloos om fraaie projecten te tonen: de essenties, het wezen van de stedenbouw – dat was het onderwerp van de lezing. Van Eesteren vond toen de analyse van primair belang. De problemen moesten eerst onderkend worden, alleen langs deze weg zag hij de mogelijkheid ontstaan om de verschijningsvorm van de stad te beheersen. Alleen zo kan men voor de toekomst werken, aldus Van Eesteren: 'Ik zou de stedebouw willen definiëren als een wetenschap die beoogt het leven zelf in zijn veelheid te leren kennen – in dit opzicht betreft het dus denkvermogen – en als een kunst, als een scheppende kracht, die vorm geeft aan het menselijk bestaan, waarbij intuïtief op de toekomstige ontwikkelingen wordt geanticipeerd.'[34]

Over de lezing vermeldde de correspondent van de *Württemberger Zeitung:* 'Er beschränkte sich hauptsächlich auf knappe, leise Begleitworte zu einer langen Reihe Aufnahmen, Plänen und Statistieken, deren Verfilmung den Abend ausfüllte.'[35] Dit citaat geeft aan dat er zeer veel dia's werden vertoond, die, begeleid door een kort commentaar, in snelle opeenvolging op het projectiescherm verschenen. De *Württemberger Zeitung* oordeelde negatief over de lezing, waarschijnlijk omdat men al a priori bezwaren had tegen de Nieuwe Zakelijkheid, maar uit het verslag blijkt dat de strekking van het betoog duidelijk genoeg was.

Het woord 'Verfilmung', dat ongetwijfeld ironisch bedoeld was, had op Van Eesteren juist een stimulerend effect, want het gaf precies aan wat eigenlijk, en klaarblijkelijk nog min of meer onbewust, zijn bedoeling was geweest. Enkele maanden later, in Berlijn, deelde hij althans mede dat het medium film hem heel geschikt leek als alternatief voor de traditionele voordracht: hij zou het liefst een stedenbouwkundige film gemaakt hebben, met korte

On 13 October 1927, Van Eesteren gave a lecture in Stuttgart within the framework of the Werkbund exhibition 'Die Wohnung' [The Dwelling], better known in Germany as the Weissenhofsiedlung. Only the notes for the introduction have been preserved, but the reviews of his performance in the main lecture hall of the Technical University which were published in *Stuttgarter Neues Tageblatt* and *Württemberger Zeitung* give a vivid picture of the impression this lecture made on the audience.

It had become necessary, Van Eesteren argued, that the state of affairs in town planning was widely known about, because important decisions were made by democratic methods. Since he did not intend to anticipate these decisions, Van Eesteren could not propose a definitive solution to the problems of the city. He wished to present a cross-section of town planning in general, cast a glance at the future and discuss some urban design methods which were based on the idea that the functions of town and country are of primary significance. Town planning, Van Eesteren argued, is the creation of order in town and country; and by means of the order created, one can master form.

The form concerned here was of an essential nature: 'Life itself is thus given shape.' It is an attempt to give shape to reality. That is why he considered it pointless to show pictures of the splendid projects he had completed. The essentials, the essence of town planning: that was the subject of the lecture. At that time Van Eesteren considered analysis of primary importance. First the problems had to be recognized, and it was only by taking this approach that he saw a possibility of mastering the physical appearance of the city. This was the only way to work for the future, he argued: 'I would like to define town planning as a science that aims to become acquainted with life itself in all its diversity – in this respect it is thus a matter of intellectual capacity – and as an art, as a creative force, that gives form to human existence, involving intuitive anticipation of future developments.'[34]

The correspondent of the *Württemberger Zeitung* reported the lecture as follows: 'It was limited principally to pithy, brief comments on a long series of photographs, plans and statistics, a movie that filled the whole evening.'[35] This quotation indicates that Van Eesteren projected a large number of slides in rapid succession, interspersed with concise commentaries. The *Württemberger Zeitung* expressed an unfavourable view of the lecture, perhaps because it had an a priori dislike of functionalism, but the report suggests that the line of argument was clear enough.

The reference to a 'movie', which was undoubtedly meant ironically, had nonetheless a stimulating effect on Van Eesteren, for it indicated exactly what he had intended, if more or less unconsciously. Some months later, in Berlin, he expressed the view that the medium of film seemed to him an excellent alternative to the traditional lecture. He would in fact have preferred to have made a film on town planning with short explanatory texts interspersed between the images. That had not been possible, however and he had therefore arranged his material so that, he hoped, the effect would be like a moving film. He opted for this approach

verklarende teksten tussen de beelden. Dat was echter niet mogelijk en daarom had hij het materiaal zo samengesteld dat het, naar hij hoopte, zou werken als een film. Hij had voor deze aanpak gekozen omdat hij overtuigd was dat de tegenwoordige mens en vooral de kunstzinnig ingestelde mens meer ervaart en meer leert van een beeld, een foto, dan van tien minuten praten.[36]

Het verslag in het *Stuttgarter Neues Tageblatt* was beduidend vriendelijker en uitvoeriger. Het betoog in Stuttgart begon, na de inleiding, met de geografische situering van steden. Vervolgens werd aandacht besteed aan de chaos in diverse steden: 'Wie wenig planmäßig bis heute gebaut wurde und auch in den meisten Städten weiterhin gebaut wird, zeigten die vielen Lichtbilder, die der Redner aus den verschiedensten Ländern zusammengestellt hatte. Die moderne Großstadt zeigt in der Anlage ihrer Häuserblocks die Tendenz, nur durch ihre Fassaden zu wirken, die das Dahinterliegende verbergen sollen. Es fehlen durchweg die eigentlichen Gründungsideen, da die Erweiterung um das alte Zentrum herum, rein willkürlich erfolgte.'[37]

Hierna besprak Van Eesteren het probleem van de grote stadions en het verkeer. 'Der Redner zeigte anhand mehrerer Lichtbilder Sportplatzanlagen aus den verschiedensten Ländern und entwickelte seine Ansichten über die organische Verbindung dieser Anlagen mit den Städten. Ein anderes Element, das der moderne Städtebau unbedingt zu berücksichtigen hat, ist der Verkehr. Nicht nur Bahnhofanlagen, die wohl auch in europaischen Großstädten nach amerikanischem Muster mit einer fortschreitenden Elektrifizierung der Eisenbahnen unter die Erdoberfläche gelegt werden, sondern besonders auch der Straßenverkehr spielen bei der Neuanlage und bei der Reorganisation alter Stadtteile, die gewöhnlich das Stadtzentrum bilden, eine große Rolle.'[38] Het thema verkeer, zo blijkt, werd geïllustreerd met voorbeelden uit Parijs.

De toekomstige stedenbouw, werd tot besluit geconstateerd, zou waarschijnlijk gekarakteriseerd worden door hoogbouw temidden van veel groen – de plannen van veel moderne architecten wezen althans in die richting. In ieder geval hadden de pogingen om het historische, gesloten stadsbeeld te doen herleven in moderne steden, geleid tot een fiasco. Aan stedenbouwkundige oplossingen in deze geest was ook geen behoefte meer, want ze zijn strijdig met de eisen van het moderne verkeer. Wanneer men werkelijk wil streven naar een goed stadsplan moet het ontwerp ruim van opzet zijn, waarbij met alle eventualiteiten rekening kan worden gehouden – 'Dabei müssen alle Anlagen in einem direkten Bedürfnis begründet sein.'[39]

Een lezing in Berlijn

Van Eesteren ging op 30 januari 1928 in Berlijn niet anders te werk dan in Stuttgart. Mogelijk vertoonde hij zelfs wat meer dia's om het ideaal van de 'stedebouwkundige film' dichter te benaderen. In ieder geval achtte hij het dit keer wel noodzakelijk om al deze

because he was convinced that contemporary man, and especially someone who was artistically inclined, experienced and learned more from an image, from a photograph, than from ten minutes of speech.[36]

The report in the *Stuttgarter Neues Tageblatt* was distinctly more friendly and more detailed. Following the introduction, the Stuttgart lecture dealt with the geographical siting of cities. It then turned to the subject of chaos in various cities: 'The numerous slides of images the lecturer has collected from the most varied parts of the world showed how chaotic building has been to this day, and moreover still is in most cities. Due to the way housing blocks are constructed, the modern city shows the tendency to operate solely as façades, which hide what lies behind them. They invariably lack a proper theoretical basis, so that expansion from the historic centre takes place in a purely arbitrary way.'[37]

Next, Van Eesteren discussed the problems of large stadiums and traffic. 'The lecturer projected a number of slides showing sports facilities from many different countries and explored ideas about the organic linking of these facilities with towns. Another element that modern town planning absolutely has to take into account is traffic. Not only railways, which with progressive electrification of the rails will probably be built underground in main European cities following the American model, but particularly road traffic, will play a major role in the renovation and reorganization of old parts of the city that usually constitute the city centre.'[38] The subject of traffic was illustrated, it appears, with examples from Paris.

Future town planning, he noted in conclusion, would probably be characterized by high-rise buildings surrounded by ample greenery. At least, the plans of many modern architects pointed in that direction. The attempts to revive the historic, closed townscape in modern cities had in any case ended in fiasco. Thus there was no longer any use for urban design solutions of this latter kind, for they conflicted with the demands of modern traffic. If one really wanted to strive for a good urban plan, the design must be of ample scale and take account of all contingencies – 'At the same time every plan component must be based on a direct need.'[39]

A lecture in Berlin

Van Eesteren went about his presentation in Berlin on 30 January 1928 in the same way as the Stuttgart lecture. He may have shown even more slides so as to come closer to the ideal of the 'town planning movie'. In any case, he considered it necessary to organize all these transparencies – 94 of them – more clearly so as to be able to offer his audience an initial preview of what he intended.

'We commence', his manuscript notes state, 'with a short general review of the developments that have taken place in town planning hitherto. We shall then take a closer look at the main elements of the large city, such as traffic, and recreational and sports facilities. At the same time you will receive an impression of how the town planner approaches these problems. We will then deal with one of the main principles of contemporary town planning: the decentralization

lichtbeelden – 94 stuks – wat overzichtelijker te ordenen, zodat hij het aanwezige publiek vooraf een overzicht kon geven van hetgeen de bedoeling was.

'We beginnen', aldus zijn inhoudsopgave, 'met een kort algemeen overzicht van de stede-bouwkundige ontwikkelingen die tot op heden hebben plaatsgevonden. Vervolgens zullen we enkele van de belangrijkste elementen van de grote stad, zoals verkeer, recreatie- en sport-voorzieningen, wat nader bekijken. Tegelijkertijd krijgt u een indruk hoe de stedebouwkundi-ge deze problemen benadert. Hierna behandelen we een van de belangrijkste principes van de hedendaagse stedebouw: het decentralisatie-principe. Dit leidt namelijk tot geheel andere resultaten dan de gecentraliseerde steden die men in vroeger eeuwen bouwde. We hebben nu de beschikking over de technische middelen om de stad te kunnen decentrali-seren. Het laatste deel van de voordracht is gewijd aan de Landesplanung. Beknopt uiter-aard, maar toch, hoop ik, voldoende om een indruk te krijgen van de noodzakelijkheden en mogelijkheden die zich voordoen in een stedebouwkundig specialisme dat alom snel aan betekenis wint.'[40]

De 'stedebouwkundige film' begon met een luchtfoto van Genève en een kaart van Breslau met omgeving (dia 1-2); de geografische ligging van een stad, lichtte Van Eesteren toe, is geen toeval. De kaart van Breslau had hij overgenomen uit de publicatie *Berliner Städtebaustudien* van de Duitse stedenbouwkundige Roman Heiligenthal en ook zijn verkla-ring voor de ligging van Genève en Breslau week niet af van hetgeen deze auteur had geschreven: 'Die Stadt bedarf der Verkehrslage am schiffbaren Fluß, sie bedarf auch der Verkehrslage am Übergang über die Flußniederungen, wo die Straßen von überall her zusammenlaufen.'[41] Na deze inleidende beelden volgde een reeks dia's ter illustratie van het betoog over de 'organische' orde in historische nederzettingen en de chaos in moderne steden. De al eerder gebruikte beelden werden voor deze gelegenheid aangevuld met Stuttgart, Kortrijk, Volendam, Amsterdam en New York, maar van wezenlijk belang zijn deze toevoegingen niet. (dia 7-17) Kortrijk, Volendam – waarbij Van Eesteren en passant op de traditioneel gestandaardiseerde woningbouw wees – en het oude Amsterdam representeren orde, terwijl Amsterdam eind jaren twintig chaotisch was uitgebreid.

De confectiewijk in New York, als voorbeeld van chaotische cityvorming, nam Van Eesteren ook over uit *Berliner Städtebaustudien.* (dia 17) Bij wijze van radicaal alternatief toonde hij 'une ville contemporaine' van Le Corbusier: de architect, aldus de notities, geeft de levende gedachte haar juiste vorm – 'gestaltet sie'. (dia 21) De discussie tussen voor- en tegenstanders van hoge woongebouwen, die in Amsterdam uiteindelijk resulteerde in de instelling van de 'Commissie voor den hoogen bouw'[42], bracht Van Eesteren later ertoe zijn standpunt met betrekking tot dit vraagstuk te herzien: hoge gebouwen, zoals ontworpen door Le Corbusier of Hilberseimer, zou hij alleen in uitgelezen stedenbouwkundige situaties en slechts voor een bepaalde bevolkingsgroep projecteren. Hoogbouw was voor hem geen systeem maar slechts een van de vele stedenbouwkundige elementen.

Bij het tweede deel van de lezing, gewijd aan het verkeer, werkte Van Eesteren ook met een

principle. This produces entirely different results to the decentralized cities people built in former centuries. We now possess the technical means to allow us to decentralize the city. The final part of the lecture is devoted to the subject of regional planning – concisely, of course, but I hope it will be sufficient to give you an idea of the necessities and possibilities that occur in an urbanist specialism that is rapidly winning ground everywhere.'[40]

The 'town planning movie' started with an aerial photo of Geneva and a map of Breslau and its surroundings (slides 1-2); the geographical location of the city, Van Eesteren explained, is not a coincidence. He had reproduced the map of Breslau from the book *Berliner Städtebaustudien* by the German town planner Roman Heiligenthal, and his explanation for the locations of Geneva and Breslau also remained faithful to what this author had written: 'The city depends on the traffic flow along the navigable river, the traffic flow across the flood plain, where the roads meet from all directions.'[41] After these introductory images, there followed a series of slides to illustrate Van Eesteren's views on the 'organic' order in historic settlements and the chaos of modern cities. These images, which had been used earlier, were supplemented with ones of Stuttgart, Kortrijk, Volendam, Amsterdam and New York, but these new additions (slides 7-17) were not of essential importance. Kortrijk, Volendam (whose traditional standardized housing Van Eesteren noted in passing) and historic Amsterdam represented order, whereas Amsterdam in the late twenties stood for chaotic expansion.
The garment district of New York, as an example of a chaotic concentration of business functions, was also taken from *Berliner Städtebaustudien*. (slide 17) As a radical alternative, Van Eesteren showed a 'contemporary town' by Le Corbusier: the architect, according to the notes, gives the living idea its right form. (slide 21) The debate between supporters and opponents of high-rise flats, which in Amsterdam eventually gave rise to the 'Committee for High-rise Buildings'[42], later induced Van Eesteren to change his standpoint with regard to this issue. He came to consider tall buildings such as those designed by Le Corbusier or Hilberseimer suitable only in highly specific urban situations and for a certain section of the population. High-rise was to him not a system but just one of the many urban elements.

In the second part of his lecture, which was devoted to the subject of traffic, an Eesteren again drew a contrast between old and new. By way of an introduction, he showed a ship with galley slaves and an aeroplane. The contrast between a stopping place for stage-coaches and the marshalling yard of the central station of Leipzig is no less sharp. (slides 23-24) The purpose of these contrasts was to indicate that the problems and elements of contemporary town planning had grown to an almost infinite level. Therefore, Van Eesteren concluded, we can no longer rely on instinct and we need a scientific planning discipline.[43]
The continual development of traffic facilities had planning consequences that always had to be taken into account. For example, Grand Central Station in New York took on an entirely new significance in the city once the steam trains made way for more modern forms of traction. (slides 25-26) Heiligenthal had investigated what the effect would be on travelling times, with all the implications this had for decentralization of the city, if the rail connections with Greater

contrast tussen oud en nieuw. Bij wijze van introductie toonde hij een schip met roeislaven en een vliegtuig. De tegenstelling tussen een pleisterplaats voor postkoetsen en de rangeer-sporen van het centraal station in Leipzig is niet minder scherp (dia 23-24): dit alles om te laten zien dat de problemen en elementen van de tegenwoordige stedenbouw tot in het oneindige gegroeid zijn. Daarom, concludeerde Van Eesteren, kan men niet meer louter op het gevoel vertrouwen en hebben we behoefte aan wetenschappelijke stedenbouw.[43]

De voortgaande ontwikkeling van de verkeersmiddelen heeft steeds stedenbouwkundige gevolgen die nauwlettend in het oog gehouden moeten worden. Zo werd bijvoorbeeld Grand Central Station in New York een geheel nieuw stedenbouwkundig gegeven nadat de stoomtreinen plaats hadden gemaakt voor modernere tractie. (dia 25-26) Heiligenthal had onderzocht wat de gevolgen zouden zijn voor de reistijden – met alle gevolgen van dien voor de decentralisatie van de stad – wanneer de spoorverbindingen in Groot-Berlijn geëlektrificeerd zouden worden. (dia 27) Van Eesteren toonde het bijbehorende schema en noemde dit keer zijn bron. Naast het spoorwegverkeer was natuurlijk, eind jaren twintig, het autoverkeer een zaak van groot stedenbouwkundig belang geworden. Ook dit thema werd geïntroduceerd met een scherp contrast: een plein in Bonn, in de achttiende eeuw, met wat koetsen en voetgangers, gevolgd door een Engelse spotprent van de actuele verkeers-chaos in Londen. (dia 28-29) Verder werd in dit kader de prijsvraaginzending voor Parijs besproken, om te laten zien hoe de stedenbouwer het verkeersprobleem in een grote stad aanpakt.

In het derde deel van de lezing kwamen de sport- en recreatievoorzieningen aan de orde. Het geïsoleerde voetbalveld, als stedenbouwkundig element, was vervangen door een wat groter complex van sportvelden dat werd gekarakteriseerd als een goed voorbeeld van sportvoorzieningen, zoals die regelmatig verspreid over de stad voorhanden zouden moeten zijn. (dia 39) Ook grote stadions waren volgens Van Eesteren zeer belangrijke stedenbouw-kundige gegevens; hij sprak hier uit ervaring want hij was actief betrokken geweest bij het ontstaan van het sportcomplex in Amsterdam waar in 1928 de Olympische Spelen werden gehouden. Het probleem van de recreatievoorzieningen in de moderne stad werd weer behandeld aan de hand van de groenschema's van Eberstadt, Möhring en Petersen en het ontwerp van Schumacher voor Keulen. Van Eesteren herhaalde in Berlijn zijn kritiek op histo-riserende interpretaties van de tuinstad, met als sprekend voorbeeld Margarethenhöhe in Essen. (dia 57)

Na de pauze stond eerst Unter den Linden op het programma. (dia 60-77) Dit 'stedebouw-kundig detail' werd, ook als historisch gegeven, vrij uitvoerig behandeld en vervolgens kwam, als laatste agendapunt, de 'Landesplanung' ter sprake. Hier begon Van Eesteren weer met een contrast. Hij toonde eerst Overschie en een geschilderd stadsgezicht van Caspar David Friedrich, als voorbeelden van een overzichtelijk, technisch ongecompliceerd stedenbouwkundig geheel. (dia 78-79) Dit beeld van preïndustriële overzichtelijkheid en harmonie werd gevolgd door een opname van staalfabrieken bij Saarbrücken. (dia 80) Een nieuw element in het landschap, aldus Van Eesteren, dat alleen met wetenschappelijke

Berlin were to be electrified. (slide 27) Van Eesteren showed the schematic map of this, and this time mentioned his source. As well as the railways, road traffic had by the late twenties naturally also become a matter of considerable planning relevance. This theme too was introduced by a sharp contrast: a square in Bonn in the eighteenth century, with some coaches and pedestrians, followed by an English cartoon of the present traffic chaos in London. (slides 28-29) The Parisian competition entry was also discussed in this context, to illustrate how the traffic problems of a large city could be tackled.

Sports and recreational facilities formed the subject of the third part of the lecture. The isolated football pitch was replaced as an urban element by a somewhat larger complex of playing fields, which was characterized as a good example of sports facilities of a kind that should be distributed regularly throughout the city. (slide 39) Large stadiums were in Van Eesteren's view very important urban components; he spoke from experience here, because he had been actively involved in the establishment of the sports facility in Amsterdam where the 1928 Olympic Games were held. The problem of recreational facilities in the modern city was discussed by reference to the green area schemes by Eberstadt, Möhring and Petersen and to Schumacher's design for Cologne. Van Eesteren repeated his critique in Berlin of historic interpretations of the garden city, with Margarethenhöhe in Essen as a cogent example. (slide 57) After the interval, Unter den Linden was the first item on the agenda. (slides 60-77) This 'urban detail' was discussed extensively including from a historical standpoint. The final topic was regional planning and here too Van Eesteren began with a contrast. He started by showing Overschie and a townscape painting by Caspar David Friedrich, as examples of a comprehensible, technically uncomplicated urban entity. (slides 78-79) This image of pre-industrial clarity and harmony was followed by a photograph of a steel works near Saarbrücken (slide 80): a new element in the landscape, in Van Eesteren's view, which could only be controlled by scientific methods. Actually four important new elements could be distinguished: waterborne traffic, road traffic, the railways and industry.[44] The problems of industrial conglomeration had resulted in the formation of the Ruhr Coalmining Region Planning Authority and regional planning in general. People were working hard on regional plans, not only in Germany but in Britain, particularly for industrial areas. National-level planning was already being discussed, although this enterprising idea was still in its infancy. (slides 82-85)
In conclusion, Van Eesteren projected a number of historic landscapes, pointing out that the countryside is itself not immune to change. (slides 86-94) The need to create a modern road network for motorized traffic would, as he demonstrated with two slides, have radical consequences. The two images shown in this connection, of the Great West Road in England and of a design for a multi-level intersection of two main roads in Germany, indeed gave a good impression of the large-scale construction projects that road traffic entailed. Van Eesteren ended his lecture with an image of rice paddies in the Philippines − not a modern or industrial landscape, but a more or less timeless instance of human planning activity. 'A mountain landscape', he commented, 'yet there is water everywhere. The need for rice paddies is continually growing and people intuitively shape the landscape accordingly.'[45]

methoden beheerst kan worden. Er zijn eigenlijk vier nieuwe belangrijke elementen te onderscheiden: het verkeer te water en te land, de spoorwegen en de industrie.[44] De problemen van de industriële agglomeratie hebben geleid tot het ontstaan van het 'Ruhrkohlensiedlungsverband' en de 'Landesplanung' in het algemeen. Niet alleen in Duitsland maar ook in Engeland werd hard gewerkt aan regionale plannen, met name natuurlijk voor de industriegebieden. Er was zelfs al sprake van nationale plannen, maar deze ondernemende gedachte verkeerde nog in een pril ontwikkelingsstadium. (dia 82-85) Tot besluit liet Van Eesteren enkele historische cultuurlandschappen zien, om vervolgens te wijzen op het feit dat ook het landschap geen onveranderlijk gegeven is. (dia 86-94) Alleen al de noodzaak om een modern wegennet voor het autoverkeer te creëren, zo demonstreerde hij met twee dia's, zou ingrijpende gevolgen hebben. De beelden die hierbij werden getoond, van de nieuwe Great West Road in Engeland en van een ontwerp voor twee ongelijkvloers kruisende autowegen in Duitsland, gaven inderdaad een goede indruk van de grootschalige bouwwerken die het autoverkeer met zich meebrengt. Van Eesteren eindigde zijn betoog met rijstvelden op de Filipijnen. Dus niet een modern of industrieel landschap maar een min of meer tijdloos voorbeeld van de stedenbouwkundige bezigheden van de mens. 'Een berglandschap', zo luidde zijn commentaar, 'en toch staat overal water. De behoefte aan rijstvelden neemt voortdurend toe en intuïtief geeft men vorm aan het landschap.'[45]

Met dit laatste beeld, van sawa's in het Verre Oosten, gaf Van Eesteren nog eens duidelijk aan dat stedenbouw een centrale rol speelt in het bestaan van de mens. Het scheppen van bestaansvoorwaarden, zoals sawa's en polders, gaat vooraf aan overwegingen van esthetische aard. Stedenbouwkundige vormgeving is daarom primair functioneel en intuïtief. Deze gedachte vormde de grondslag voor de 'stedebouwkundige film' die Van Eesteren in Berlijn vertoonde. Hij wilde demonstreren dat de 'stedebouwkundige elementen' waaruit moderne nederzettingen en landschappen zijn opgebouwd niet meer beheerst konden worden met de esthetische middelen waarmee men in het verleden een ordelijk aanzien had gegeven aan de stad en het cultuurlandschap.

Van Eesteren was in 1927 tot het inzicht gekomen dat het alleen mogelijk is om nieuwe regels voor het stedenbouwkundig ontwerp te vinden door zorgvuldig na te gaan welke gegevens van essentieel belang zijn voor het bestaan van nederzettingen. Wijzende op het uiterst functionele maar tevens esthetisch zeer bevredigende karakter van oude nederzettingen en cultuurlandschappen, concludeerde hij dat de mens een intuïtief gevoel heeft voor de inrichting en vormgeving van zijn omgeving. Zijn observaties waren bedoeld om dit intuïtieve gevoel voor het oplossen van stedenbouwkundige problemen te activeren. Van Eesteren had ontdekt dat het mogelijk was om de chaos van de moderne stad te beheersen zonder het stadsleven onmogelijk te maken. Dit kon echter alleen onder voorwaarde dat men bereid was om alle onbruikbaar geworden ontwerptheorieën en de daaraan gerelateerde esthetische vooroordelen terzijde te schuiven. De stedenbouwkundig ontwerper werd dus genoodzaakt om weer bij het begin te beginnen, net als zijn voorgangers die lang geleden,

With this final image of oriental paddy-fields, Van Eesteren once again emphasized that planning played a central part in human existence. The creation of conditions for survival, such as paddy fields and polders, took priority over aesthetic considerations. Town and country planning was therefore primarily functional and intuitive. This notion constituted the basis of the 'town planning movie' that Van Eesteren projected in Berlin. He wished to demonstrate that the 'urban elements' from which modern settlements and landscapes are constructed could no longer controlled by the aesthetic means that had been used in the past to give an orderly appearance to the city and the man-made landscape.

Van Eesteren arrived at the insight in 1927 that it is only possible to establish new rules for urban design by a careful investigation to discover the functions vital to the existence of a settlement. Noting the extremely functional but also aesthetically very satisfying character of traditional settlements and man-made landscapes, he concluded that man has an intuitive feeling for the arrangement and design of his surroundings. His observations were meant to stimulate this intuitive feeling for solving urbanistic problems. Van Eesteren had discovered that it was possible to master the chaos of the modern city without making urban life impossible. This could only be achieved however on the condition that the planner was prepared to abandon all the obsolete design theories and the related aesthetic prejudices. The urban designer was thus obliged to begin again at the beginning, like his predecessors who had done fundamental urbanistic work when shaping the first cultured landscapes and settlements.
It was this line of thinking that finally made it possible for Van Eesteren to align himself as an urban designer with the radical art theories he had learned about in the early twenties. The clash between the urbanistic principles of Berlage and the ideas of the avant garde, which had paralysed him intellectually in the years 1924 and 1925, was settled. He was too level-headed, too practical and much too serious to accept modernism solely for reasons of fashion. Van Eesteren was not personally convinced of the necessity of a radical break with the prevalent urbanistic views of the twenties until he had explored all the possibilities of the street façade. The elements from which the modern city was constructed, he argued, were in conflict with the classical city and its elegant organization, which in fact had long ceased to exist. The modern city was 'a-classical', and since people were not prepared to recognize this the city was becoming chaotic despite – or rather because of – all the attempts to create order by inadequate means. The solution was in essence very simple. It was necessary to study the elements of the modern city open-mindedly and, if necessary by scientific research, precisely establish the demands placed on the city by the various elements. The result would be not a street plan with public squares here and there, but a functional specification for the modern city. The form of the modern city was still an unknown quantity even for the designer; he must seek the appropriate form not by resorting to a geometrical repertoire, but by using his intuition and referring to a programme.

The elements Van Eesteren presented were illustrations exclusively of town planning problems. It is precisely in this respect that he differed from Le Corbusier and Hilbersheimer. He did not

bij het inrichten van de eerste cultuurlandschappen met hun nederzettingen, fundamenteel stedenbouwkundig werk hadden gedaan.

Deze gedachtegang maakte het Van Eesteren tenslotte mogelijk om ook als stedenbouwkundig ontwerper aansluiting te vinden bij de radicale kunsttheorieën waarmee hij begin jaren twintig kennis had gemaakt. De strijd tussen de stedenbouwkundige principes van Berlage en de ideeën van de avant-garde die hem gedurende de jaren 1924 en 1925 intellectueel had geparalyseerd, was gestreden. Hij was te nuchter, te praktisch en veel te ernstig om het modernisme te accepteren omwille van louter modieuze motieven. Pas nadat de mogelijkheden van de straatwand geheel doorgrond waren, was Van Eesteren innerlijk overtuigd van de noodzaak om radicaal te breken met de stedenbouwkundige opvattingen die in de jaren twintig toonaangevend waren.

De elementen waaruit de moderne stad is opgebouwd, zo betoogde hij, zijn in strijd met de classicistische stad met haar elegante orde, die eigenlijk allang niet meer bestaat. De moderne stad is 'a-classisistisch', en omdat men niet bereid was dit onder ogen te zien, werd de stad langzamerhand een chaos, ondanks, of juist door alle pogingen om met ontoereikende middelen orde te scheppen. De oplossing was in wezen heel simpel. Men moet de elementen van de moderne stad onbevooroordeeld in ogenschouw nemen en, eventueel met behulp van wetenschappelijk onderzoek, nauwkeurig notitie nemen van de stedenbouwkundige eisen die de diverse elementen stellen. In plaats van een stratenplan, met hier en daar een plein, zal dan een programma van eisen voor de moderne stad ontstaan. De vorm van de moderne stad is ook voor de ontwerper nog een onbekend gegeven; hij zal zonder het geometrisch repertoire, met zijn intuïtie en aan de hand van het programma, naar de juiste vorm moeten zoeken.

De elementen die Van Eesteren liet zien verbeelden louter en alleen stedenbouwkundige problemen. Juist op dit punt onderscheidt hij zich van Le Corbusier en Hilberseimer. Hij suggereerde niet dat er een simpel nieuwzakelijk recept zou bestaan voor de toekomstige stad. Het ging hem in eerste instantie niet om het resultaat, de vorm van de moderne stad, maar om de methode. Zijn eigen ontwerpen besprak hij wel, maar de betekenis daarvan werd sterk gerelativeerd met de opmerking dat dit slechts stedenbouwkundige detailstudies waren, geen panacees voor de moderne stedenbouw.

Van Eesteren creëerde geen 'moderne stijl' maar probeerde juist systematisch ieder spoor van esthetische vooringenomenheid uit te bannen. Hij toonde elementen van de moderne wereld die volgens alle bouwkundige en stedenbouwkundige normen volstrekt vormloos zijn, niet om ze vervolgens toch – pour épater le bourgeois – heel mooi te noemen, maar omdat ze noodzakelijk zijn. Hij gaf een beeld van de moderne stad als stedenbouwkundig debacle, als chaos, maar tegelijkertijd, aldus Van Eesteren, was er geen enkele reden om aan te nemen dat moderne elementen, zoals spoorwegen, industriegebieden en recreatievoorzieningen, minder mogelijkheden zouden bieden voor een bevredigend stedenbouwkundig ontwerp dan polderdijken, windmolens en trekvaarten.

Dit stedenbouwkundig fundamentalisme zou hij zijn leven lang trouw blijven: de juiste vorm

suggest that there must be some simple, functionalist recipe for the city of the future. He was not in the first instance concerned with the result, with the form of the modern city, but with the method. He did bring his own designs into the discussion, but claimed their relevance only as detailed planning studies and not as panaceas for modern urban planning.

Van Eesteren did not create a 'modern style', but tried rather to eliminate every trace of aesthetic prejudice. He showed his audience elements of the modern world which were utterly formless by the current architectural and urbanistic standards, not so as then to laud their beauty (pour épater le bourgeois), but because they were necessary elements. He presented a view of the modern city as an urbanistic disaster area, as chaos. But at the same time, he explained, there was no reason at all to assume that modern elements such as railways, industrial zones and recreational facilities offered less scope for achieving a satisfying urban design than did dykes, windmills and canals.

He was to remain faithful to this town planning fundamentalism for the rest of his life: the right form was in his eyes something that came before style, something that was directly related to man's primary material, social and spiritual needs. The town planner can not stylize or polish up his material, but he must accept 'chaotic life' as it is. Later Van Eesteren was fond of comparing his work to the 'Merz Art' of Schwitters, since both of them made collages of material taken from the daily life of the city.

Fünf Minuten Städtebau

In the period 1927-1928, there was some mention of *Eine Stunde Städtebau* being published by Akademische Verlag Dr. Fritz Wedekind in Stuttgart.[46] On behalf of Deutsche Werkbund, this publishing company produced a series of books sometimes referred to as the *Werkbundbücher*. Walter Curt Behrendt published *Der Sieg des neuen Baustils,* for example, and Adolf Behne contributed *Eine Stunde Architectur* to the series. The following titles were furthermore considered as possible future members of the series: *Das ABC-Haus* by Mart Stam, *Das Mietshaus* by Mies van der Rohe, *Europäische Architectur* by Theo van Doesburg and *Serienbau aus typisierter Norm* by Walter Gropius. *Einde Stunde Städtebau* was to have appeared as part 12 and was clearly meant as a counterpart of *Eine Stunde Architectur* which was published in 1928.[47]

Van Eesteren detested writing and consequently the book never saw the light of day; a pity, especially because it could have made it strikingly clear that designing the functional city is quite a different matter from planning in its more abstract sense, as a survey of the functions. As the designer of the General Extension Plan for Amsterdam, Van Eesteren made grateful use of the numerical data available from researchers, but the slides from *Eine Stunde Städtebau* demonstrate that he was always aware that a series of statistics must eventually be reflected in a concrete form as an 'urban element'. The formula 'eine Stunde', one hour, was of course a reference to the elementary clarity of functionalism. Anyone with common sense ought to be able to understand how a city or a building is designed within an hour. Indeed, an hour was

was in zijn ogen iets dat vooraf gaat aan stijl, iets dat direct gerelateerd is aan primaire materiële, maatschappelijke en geestelijke behoeften. De stedenbouwer kan niet stileren en polijsten, hij moet het 'chaotische leven' aanvaarden zoals het is. Later vergeleek Van Eesteren zijn werk graag met de Merz-kunst van Schwitters omdat zij beiden collages maakten met materiaal uit het dagelijks leven van de stad.

Fünf Minuten Städtebau

Gedurende de jaren 1927-1928 was er sprake van dat *Eine Stunde Städtebau* gepubliceerd zou worden door de Akademische Verlag Dr. Fritz Wedekind in Stuttgart.[46] In opdracht van de Deutsche Werkbund verscheen bij deze uitgeverij een reeks die ook wel wordt aangeduid als de *Werkbundbücher.* Zo publiceerde Walter Curt Behrendt *Der Sieg des neuen Baustils,* Adolf Behne droeg aan de reeks bij met *Eine Stunde Architectur.* Verder waren de volgende titels als mogelijke nieuwe delen van de reeks gedacht: Mart Stam, *Das ABC-Haus,* Mies van der Rohe, *Das Mietshaus,* Theo van Doesburg, *Europäische Architectur,* Walter Gropius, *Serienbau aus typisierter Norm. Eine Stunde Städtebau* had als deel 12 moeten verschijnen, duidelijk met de opzet om een paar te vormen met *Eine Stunde Architectur* dat in 1928 is verschenen.[47]

Van Eesteren had een geweldige hekel aan schrijven, met als gevolg dat het boek nooit verschenen is. Dat is jammer, vooral omdat het zo treffend duidelijk had kunnen maken dat functionele stedenbouw iets heel anders is dan planologie. Als ontwerper van het Algemeen Uitbreidingsplan van Amsterdam maakte Van Eesteren dankbaar gebruik van het beschikbare cijfermateriaal van de onderzoekers, maar de dia's van *Eine Stunde Städtebau* demonstreren dat hij zich altijd bewust was dat een reeks statistieken tenslotte toch een concrete verschijningsvorm moet krijgen als 'stedebouwkundig element'. Met de formule 'eine Stunde' werd natuurlijk de elementaire helderheid van het functionalisme aangeduid. Iedereen met gezond verstand zou binnen een uur moeten kunnen begrijpen hoe een stad of een gebouw ontworpen wordt. Het kon echter nog korter, want volgens Van Eesteren zou iedereen zelfs binnen vijf minuten moeten kunnen begrijpen wat het verschil is tussen flauwekul en echte stedenbouw. In mei 1928 schreef hij een kort artikel getiteld 'Fünf Minuten Städtebau'. Het is verschenen in het tijdschrift *i10,* maar helaas is het ironische 'fünf Minuten' uit de titel verdwenen – Van Eesteren had deze woorden zelf al doorgestreept in het getypte manuscript.[48] Klaarblijkelijk vond hij het toch niet gepast om de spot te drijven met een zo serieuze zaak als stedenbouw. Ter completering van de geschiedenis van *Eine Stunde Städtebau* volgt in het onderstaande de tekst van 'Fünf Minuten Städtebau'.

Die erste städtebauliche Tat der primitiven Menschen war das bewusste wählen der Stelle, wo sie sich niederlassen sollten.
Das Wissen und die Erfahrungen, worauf diese Wahl beruhte, bildete die Grundlage des Städtebaues.

more than enough, for according to Van Eesteren no more than five minutes was necessary to explain the difference between sham and real town planning. In May 1928 he wrote a short article titled 'Fünf Minuten Städtebau'. It appeared in the magazine *i10*, but unfortunately the ironic 'fünf Minuten' was stripped from the title – Van Eesteren had himself crossed these words through in the typescript.[48] Evidently he had decided it was not a good idea to poke fun at such a serious business as town planning. To round off this account of *Eine Stunde Städtebau*, here is a translation of 'Fünf Minuten Städtebau'.

'The first town building action of primitive man was to choose a place to settle down. The knowledge and experience that preceded this choice formed the basis of town planning. Different types of settlements appeared in every place and time, according to the state of knowledge and the cultural conditions.
Vitruvius', in 'Architecture' Book 1, already described 'the principles according to which the location of the city and its forms shall be decided'. Alberti's fifteenth-century 'Ten Books of Architecture' gave detailed instructions for town planning. During the nineteenth century, the city became increasingly perfected from a technical and hygienic point of view: gas, electric light, mains water, canalization of rivers, road traffic etc. The death rate declined continually. But at the same time the cities grew ever uglier.

Some of the brighter architects observed this last process and tried to grasp the 'artistic principles of town planning' (Sitte). But instead of trying to analyse the modern city, they began analysing historic cities and attempted to attune their aesthetic rules to them. They did not realize that they could thereby only construct a façade, a theatrical sham. They only worked on the surface, the skin of the city. They did not touch on the causes of the sickness.
To take one of their theories, there arose the notion of the necessity of the closed urban perspective. This led to 'The Bavarian Quarter' in Berlin, the so-called 'Modern Quarter' in Amsterdam and similar products in many other cities. The result was 'cardboard city planning'. This childish theory is still in vogue all around us. Often these décors are even made out to be 'modern'.
The city and the man-made landscape are forms of expression of human society. Today this expression is chaotic. The cardboard scenery can at most disguise this chaos. The perceptive man prefers reality even when it is ugly. He knows that today humanity has no control over the consequences of his own thinking and knowledge.

From this realization, a new one develops. People begin to ponder life and habitation in the city and in the country. In the first place they debate the forms of streets and squares for their functional necessity. They seek to distribute playing fields properly through the city. They consider how low the building density per square kilometre can become for an electric suburban train still to be feasible. The urban location is itself tested for its hygienic quality and if defects are discovered, people start searching for social or technical causes.

Je nach dem Stand dieses Wissens und der kulturellen Bedingungen gab es überall und in jeder Zeit andere Stadttypen.

Schon Vitruv beschreibt in seinem 'Baukunst' Buch I 'die Grundsätze, wonach die Lage der Stadt und ihre Formen bestimmt werden sollten'. Alberti gibt im 15. Jahrhundert in seinem 'Zehn Bücher über die Baukunst' ausführliche Vorschriften bezgl. des Städtebaues. Im 19. Jahrhundert wurden die Städte technisch und hygienisch immer mehr vollkommen: Gas – elektrisches Licht – Wasserleitung – Kanalisation – Verkehr, u.s.w.. Die Sterbeziffern wurden immer niedriger. Die Städte wurden aber gleichzeitig immer hässlicher.

Einige der klugsten Architekten sahen dieses letztere ein und versuchten nun die 'künstlerische Grundsätze des Städtebaues' (Sitte), auf zu treiben. Statt nun eine Analyse der modernen Stadt vorzunehmen fingen sie an, die historischen Städte zu analysieren und versuchten darauf aesthetische Gesetze aufzustellen.

Sie sahen nicht ein, dass sie damit nur eine Schauseite rekonstruiren konnten, d.h. Theater machten. Sie arbeiteten nur an der Schale, an der Haut der Stadt. Die Ursachen der Krankheit berührten sie nicht.

So entstand, um eine ihrer Theorien zu nennen, die Theorie der Notwendigkeit des geschlossenen Stadtbildes. Resultat 'Das Bayrische Viertel' in Berlin, die sogenannten 'Modernen Viertel' in Amsterdam, und ähnliche in vielen anderen Städten. Der Kulissenstädtebau entstand. Diese kindliche Theorie wütet überall noch nach. Oft wird diese Kulisse dann sogar 'modern' aufgezogen.

Die Stadt und die von Menschen gestaltete Landschaft sind Ausdrucksformen der menschlichen Gesellschaft. Diese ist heute chaotisch. Kulissen können dieses Chaos höchstens verdecken. Der klar schauende Mensch will Wirklichkeit, auch wenn sie hässlich ist. Er weiss, dass die Menschheit die Konsequenzen ihres eigenen Denkens und Wissens heute nicht beherrscht.

Auf diesen Erkenntnissen entwickelt sich nun Neues. Man fängt an über das Leben und Wohnen selbst, in der Stadt und auf dem Lande, nachzudenken. Die Formen der Strassen und Plätze werden an erster Stelle nach ihrer funktionellen Notwendigkeit diskutiert. Man versucht Spielflächen richtig in der Stadt zu verteilen. Man fragt sich ab, zu welchem Minumum die Bebauungsdichte pro qkm. herabgehen darf, um eine elektrische Vorortbahn exploitieren zu können. Die Stadtanlage selbst wird auf ihren hygienischen Wert geprüft, und wenn Mängel da sind, spürt man die gesellschaftlichen oder technischen Ursachen auf. Es ist hauptsächlich Aufklärungsarbeit, die jetzt gemacht wird. Neue rationelle Stadtformen können so entstehen, man sieht wieder Möglichkeiten, um die Landschaft, auch die Industrielandschaft, harmonisch und bewohnbar zu gestalten. Die Kulissen sind überflüssig geworden.

The work that is being done now is principally problem-solving. Thus new, rational urban forms can arise. People see new possibilities for making the landscape, including the industrial landscape, more harmonious and more habitable. The cardboard city has become superfluous.

Noten Notes

1. Manfred Bock, 'Cornelis van Eesteren', in: Carel Blotkamp (red.), *De vervolgjaren van De Stijl 1922-1932*, Antwerpen-Amsterdam 1996, p. 242-294.
Zef Hemel, *Het landschap van de IJsselmeerpolders. Planning, inrichting en vormgeving*, Rotterdam 1994.
Vincent van Rossem, *Het Algemeen Uitbreidingsplan van Amsterdam. Geschiedenis en ontwerp*, Rotterdam 1993.
Vincent van Rossem, 'Cornelis van Eesteren und die Bauhochschule in Weimar', in: Dörte Nicolaisen (red.), *Das andere Bauhaus*, Berlin (bauhaus-archiv) 1996, p. 45-60.

2. Vincent van Rossem, 'Berlage: beschouwingen over stedebouw 1892-1914', in: Sergio Polano (red.), *Hendrik Petrus Berlage. Het complete werk*, Alphen ad Rijn 1988 (Milano 1987), p. 46-66.

3. *Bouwkundig Weekblad*, 44 (1923), p. 131.

4. *Bouwkundig Weekblad*, 44 (1923), p. 146.

5. C. van Eesteren, 'Moderne stedebouwkundige beginselen in de practijk', in: *De Stijl*, VI (1925), nr. 10-11, p. 162-168 (reprint Amsterdam 1968, deel 2, p. 445-448 reprinted Amsterdam 1968, part 2, p. 445-448).

6. Fritz Schumacher, *Köln. Entwicklungsfragen einer Großstadt*, unter Mitwirkung von Wilhelm Arntz, München 1923, p. 21.

7. Zie see B. Bruognolo e.a., *Der Schrei nach dem Turmhaus. Der Ideenwettbewerb Hochhaus am Bahnhof Friedrichstraß Berlin 1921-1922*, Berlin 1988.

8. Van Eesteren aan Frieda Fluck, 29-11-1925, Van Eesteren-archief, NAi.
Van Eesteren to Frieda Fluck, 29-11-1925, Van Eesteren Archives, NAi.

9. Van Eesteren aan Werner Hegemann, 20-11-1924, Van Eesteren-archief, NAi.
Van Eesteren to Werner Hegemann, 20-11-1924, Van Eesteren Archives, NAi.

10. Karl Scheffler, 'Wettbewerb Unter den Linden', in: *Kunst und Künstler*, 24 (1925-1926), nr. 4 (januari January 1926), p. 160-161.

11. *Städtebau*, 20 (1925), nr. 5-6, p. 67.

12. Werner Hegemann, 'Die Straße als Einheit', in: *Städtebau*, 20 (1925), nr. 5-6, p. 95-107.

13. Werner Hegemann, 'Zur Beurteilung des van Eesterenschen Entwurfes', in: *Städtebau*, 21 (1926), nr. 2, p. 27-32.

14. Ibidem, zie afbeeldingen 70-72 op p. 31.
Ibid, see illustrations 70-72 on p. 31.

15. Colin Rowe, 'The Present Urban Predicament', in: *American Architectural Quaterly*, 11 (1979), nr. 4, p. 40-48, op. cit. p. 44.

16. Werner Hegemann, *Amerikanische Architektur und Städtebau*, Berlin 1925, p. 44-54.

17. Zie noot 1, Bock.
See note 1, Bock.

18. Van Eesteren aan Frieda Fluck, 10-11-1926, Van Eesteren-archief, NAi.
Van Eesteren to Frieda Fluck, 10-11-1926, Van Eesteren Archives, NAi.

19. C. van Eesteren, 'Tien jaar "Stijl". Kunst, Techniek en Stedebouw', in: *De Stijl*, VII (1927), nr. 79-84, op. cit. p. 93 (reprint Amsterdam 1968, deel 2, p. 575-577 reprinted Amsterdam 1968, part 2, p. 575-577).

20. Van Eesteren, 'Stedebouwkundige opmerkingen', ms, 1923, p. 2, Rijksacademie voor Beeldende Kunsten, inv. nr. 227, Rijksarchief Noord-Holland.

21. Op. cit. p. 5.

22. Van Eesteren, lezing 'Rotterdam' 17 februari 1933; Van Eesteren, lezing 'Antwerpen' 9 november 1933, Van Eesteren-Archief-LEZINGEN.
Van Eesteren, 'Rotterdam' lecture 17 February 1933; Van Eesteren, 'Antwerp' lecture 9 November 1933, Van Eesteren Archives (LEZINGEN).

23. Van Eesteren, lezing 'Opbouw 1927', ms, p. 5. Van Eesteren-Archief-LEZINGEN
Van Eesteren Archives (LEZINGEN).

24. Op. cit. p. 6.

25. Op. cit. p. 8.

26. Op. cit. p. 10.

27. 'Bij de plaatjes', deze pagina's behorende bij de lezing 'Opbouw 1927' zijn niet genummerd. De in het vervolg aangehaalde opmerkingen maken deel uit van de toelichtingen bij de genummerde dia's.
'Bij de plaatjes', these pages of notes on the slides for the 'Opbouw 1927' lecture are unnumbered. The subsequent quoted comments form part of the notes on the slide numbers indicated.

28. C. van Eesteren, 'Amerikaansche indrukken', in Bouwkundig Weekblad 45 (1924), p. 121-123.
C. van Eesteren, 'Uit de stad van Ford. Naar aanleiding van foto's en mededeelingen van den Amer. Architect Lfnberg Holm.', in Het Bouwbedrijf 2 (1925), p. 84-85.
C. van Eesteren, 'Amerikaansche Torenhuizen', in Het Bouwbedrijf 2 (1925), p. 442-445.

29. L. Moholy Nagy, Malerei, Photographie, Film. München Munich 1925 (Bauhaus Bücher 8), p. 22.

30. Zie correspondentie Holm, Van Eesteren-Archief-COR.
See Holm correspondence, Van Eesteren Archives (COR).

31. Hahn und Leberecht Migge, Der Ausbau einesGrüngürtels der Stadt Kiel. Kiel 1922 (Als Manuskript gedruckt.), afb. 4, tegenover opp. p. 10.

32. Van Eesteren, notities voor een college met dia's in Weimar, ms, dia 4, Van Eesteren-Archief-OND 1.
Van Eesteren, notes for a student lecture with slides in Weimar, ms, slide 4, Van Eesteren Archives (OND 1).

33. Op. cit. dia slide 22.

34. Van Eesteren, lezing 'Stuttgart oktober 1927', ms. p. 2 Van Eesteren-Archief-LEZINGEN.
Van Eesteren, 'Stuttgart October 1927' lecture, ms. p. 2 Van Eesteren Archives (LEZINGEN).

35. Württemberger Zeitung 14 oktober October 1927.

36. Van Eesteren, lezing 'Berlijn 31 januari 1928', ms, p. 2 Van Eesteren-Archief-LEZINGEN.
Van Eesteren, 'Berlijn 31 January 1928' lecture, ms, p. 2 Van Eesteren Archives (LEZINGEN).

37. Stuttgarter Neues Tageblatt 14 oktober October 1927.

38. Ibidem.
Ibid.

39. Ibidem.
Ibid.

40. Van Eesteren, lezing 'Berlijn 31 januari 1928', ms, p. 2, Van Eesteren-Archief-LEZINGEN.
Van Eesteren, 'Berlin 31 January 1928' lecture, ms, p. 2, Van Eesteren Archives (LEZINGEN).

41. Op. cit. p. 4, dia slide 21.

42. Ingesteld 29 maart 1929; het rapport van de commissie is verschenen in 1933. Rapport van de

Commissie voor den hoogen bouw. Amsterdam
1933. (Gemeenteblad 1933, afd. 1, Bijlage F.)
Established on 29 March 1929; the committee's
report appeared in 1933. *Rapport van de
Commissie voor den hoogen bouw.* Amsterdam
1933. (Gemeenteblad 1933, afd. 1, Bijlage F.)

43. Van Eesteren, lezing 'Berlijn 31 januari 1928',
ms, Van Eesteren-Archief-LEZINGEN, p. 4,
dia 24.
Van Eesteren, 'Berlin 31 January 1928' lecture,
ms, Van Eesteren Archives (LEZINGEN), p. 4,
slide 24.

44. Op. cit. p. 7, dia slide 80.

45. Op. cit. p. 8, dia slide 94.

46. Van Eesteren aan Frieda Fluck, 8-12-1927;
Georges Pineau aan Van Eesteren, 10-12-1927;
Van Eesteren aan Frieda Fluck 17-2-1928,
Van Eesteren-Archief, NAi.
Van Eesteren to Frieda Fluck, 8-12-1927; Georges
Pineau to Van Eesteren, 10-12-1927; Van
Eesteren to Frieda Fluck 17-2-1928, Van Eesteren
Archives, NAi.

47. Met dank aan Ronald Jaeger, Hamburg, voor
de informatie over deze reeks.
With acknowledgements to Ronald Jaeger,
Hamburg, for the information on this series.

48. C. van Eesteren, 'Städtebau', in: *i10*, II
(1929), nr. 21-22 (25 juni), p. 169-170; zie ook
aldaar 'Een leerschool van den leugen', p. 188
(reprint Amsterdam 1979).
C. van Eesteren, 'Städtebau', in: *i10*, II (1929),
nr. 21-22 (25 June), p. 169-170; see also op. cit.
'Een leerschool van den leugen', p. 188 (reprinted
Amsterdam 1979).

Eine Stunde Städtebau

Een lezing met lichtbeelden A lecture with slides

De lezing 'Eine Stunde Städtebau' zoals weergegeven op de volgende pagina's is een reconstructie. De onderstreepte tekst is van C. van Eesteren, zij het dat de originele notities in het Duits gesteld zijn. Bij de deze notities is echter niet precies aangegeven welke dia's getoond werden. De diatheek in de collectie Van Eesteren, ondergebracht bij het Nederlands Architectuurinstituut, is pas na de oorlog bij de Technische Hogeschool te Delft gecatalogiseerd. De afgebeelde dia's zijn bij elkaar gezocht door de notities voor de lezingen uit de periode 1927-1933 te vergelijken met het beschikbare beeldmateriaal. In de meeste gevallen kan met aan zekerheid grenzende stelligheid beweerd worden dat het de juiste dia is. Een heel enkele maal zijn er gelijkwaardige mogelijkheden, dan is een keuze gemaakt op grond van de kwaliteit van het beeldmateriaal. Een aantal van de omschrijvingen in Van Eesterens notities zijn zo algemeen dat ook na vergelijking met notities voor andere lezingen nog niet duidelijk is om welk beeld het gaat. In die gevallen is geen dia afgebeeld. Tot slot dient nog opgemerkt te worden dat de publicatie van de lezing waarvan in de inleiding sprake is, natuurlijk niet noodzakelijkerwijs een exacte replica zou zijn geworden van de lezing zelf. In elk geval zou Van Eesteren zijn beelden wat uitvoeriger hebben toege-licht, maar juist het daarvoor vereiste schrijfwerk bleek voor hem een onoverkomelijke barrière. Wie werkelijk geïnteresseerd is in het commentaar van Van Eesteren op de ontwerpproblemen die in de lezing ter sprake worden gebracht, moet nog maar eens het Algemeen Uitbreidingsplan van Amsterdam bestuderen, en de plannen voor de Zuidelijke IJsselmeerpolders. De essentie van de opgave is later door Th.K. van Lohuizen aangeduid als 'de eenheid van het stedebouwkundig werk'. Moderne stedenbouw is planning én vorm-geving, niet als een ambtelijke procedure, maar als creatieve wisselwerking, of 'construction collective'.

The lecture 'Eine Stunde Städtebau' as represented in the pages that follow is a reconstruction. The underlined text is C. van Eesteren's own words (at least, a translation from the original German in which he made these notes). However, he left no explicit indication of which trans-parency belonged with each note. The slide collection in the Van Eesteren archives, kept in the Netherlands Architecture Institute, was not catalogued until the Technical University of Delft undertook this task after the war. The slide images reproduced here were selected by com-paring the notes made for the lectures in the period 1927-1933 with the available visual material. In most cases, it has been possible to say with a confidence bordering on certainty that the right slide has been found. Very occasionally, however, there are two or more credible alternatives; in these cases the choice has been guided by the quality of the material. In a few instances the description in Van Eesteren's note is so general that even after comparison with the corresponding note for other lectures, it has been impossible to decide which slide it refers to. In these cases no image is reproduced.
Finally, it must be borne in mind that the published lecture text referred to in the introduction was not necessarily an accurate replica of the lecture as actually delivered. Van Eesteren would certainly have discussed his images more fully when he projected them, but explaining them at the same level of detail in writing proved to be an insurmountable barrier for him. Those readers really interested in Van Eesteren's commentary on the design problems touched on in the lecture are recommended to take a closer look at the General Extension Plan for Amsterdam and the schemes for the South IJsselmeer Polders. The essence of the task was later characterized by Th.K. van Lobhuizen as being 'the unity of urban development work'. Modern urbanism is both planning and design, not in the sense of an administrative procedure but of a creative interchange, a 'construction collective'.

1-21   **Inleiding** Introduction

Luchtfoto van Genève
Aerial view of Geneva

Een stad als een geheel dat zich ontwikkelt.
Dat zijn geen toevalligheden. Voorbeeld
Genève gebouwd waar de rivier makkelijk
oversteekbaar is door de aanwezigheid van
een eilandje.

Met deze dia en de volgende demonstreert
Van Eesteren dat de grondbeginselen van
de stedenbouw functioneel van aard zijn.
Doorwaadbare plaatsen in rivieren, natuurlijke havens, de aanwezigheid van goed
drinkwater, en andere essentiële levens-
voorwaarden bepalen doorgaans in hoge

mate de keuze van vestigingsplaats.

A city that develops as an entity. Not just
coincidental. Example: Geneva built where
the river is easy to cross because of a small
island.

Van Eesteren uses this and the next slide to
show that the fundamentals of town planning
are functional in character. Fords in rivers,
natural harbours, the availabilty of good
drinking water and other vital prerequisites
generally strongly determine the place of
settlement.

**Plattegrond van Breslau, één punt is
tweehonderd inwoners**
Map of Breslau. One dot represents two
hundred inhabitants

Tweede voorbeeld, gelegen bij rivierover-
gang. De stad ligt boven het winterbed van
de rivier. Er is een bewuste keuze gemaakt.

Hier wijst Van Eesteren uitdrukkelijk op het
probleem van de wateroverlast. Wat betreft
West-Nederland heeft hij later weleens
opgemerkt dat een moerasgebied niet erg
geschikt is voor de vestiging van steden.
Amsterdam was naar zijn mening meer een
ongelukkig historisch toeval dan een goed
gesitueerde stad.

Second example, sited on a river crossing.
The city lies above the winter bedding of the
river. A conscious choice was made.

Here Van Eesteren refers explicitly to the
problem of flooding. In connection with
western Holland, he was later inclined to
remark that a marsh is not exactly an ideal
place to build towns. Amsterdam was in his
view a historical accident rather than a well-
sited city.

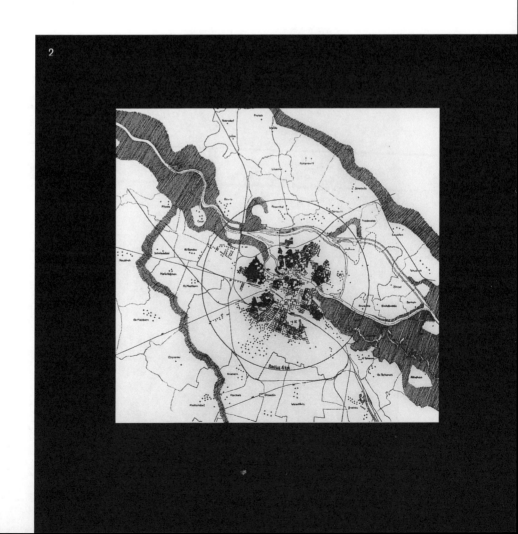

Plattegrond van Parijs, begin zeventiende eeuw

Map of Paris, early seventeenth century

Parijs 1615, plan Merian. Omgeving Notre Dame. Eenheid van plan en architectuur. De stad is nog niet over haar natuurlijke grenzen uitgegroeid. Levenstempo en inzicht waren in evenwicht met de vorm. Eenheid van leven en vorm.

Het contrast tussen 'organische orde' en 'moderne chaos' wordt keer op keer in diverse lezingen door Van Eesteren beklemtoond. De essentie van het betoog is natuurlijk dat de moderne stedenbouw moet streven naar een nieuwe 'eenheid van leven en vorm' door te onderkennen dat de 'organische orde' van de pre-industriële stad niet meer functioneert, en door de ingrijpend gewijzigde levensomstandigheden in de twintigste eeuw als gegeven te aanvaarden.

Paris 1615, Merian Scheme. Environs of Notre Dame. Unity of plan and architecture. The city has not yet overgrown its natural limits. The pace of life and awareness were in balance with the form. Unity of life and form.

The contrast between 'organic order' and 'modern chaos' was stressed repeatedly in Van Eesteren's lectures. The essence of the argument was that modern town planning had to strive towards a new 'unity of life and form' by recognizing that the 'organic order' of the pre-industrial city no longer functioned, and by facing up to the radically different living circumstances of the twentieth century.

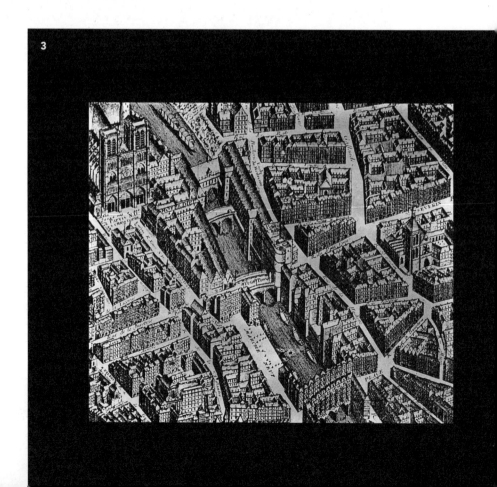

3

Parijs, Champs Élysées, gezien vanaf de Arc de Triomphe
Paris, Champs Élysées, seen from Arc de Triomphe

Parijs 1925. Contrast tussen de orde in het stratenplan en de chaos in de wooncellen. Gebrek aan evenwicht tussen leven en vorm. Levenstempo (straten) en inzicht (woning) niet in evenwicht.

Deze opname heeft Van Eesteren zelf gemaakt, net als dia 16 die vanaf de Eiffeltoren is opgenomen. Daarop is eigenlijk nog beter te zien dat het negentiendeeeuwse Parijs inderdaad twee gezichten heeft. De straatwanden zijn in hoge mate geordend, maar aan de binnenzijde van de bouwblokken is nog sprake van een betrekkelijk primitieve opeenstapeling van woningen. De enige goede oplossing voor dit probleem is natuurlijk scheiding van de functies wonen en verkeer, waarbij de woningbouw gestalte zou moeten krijgen als strokenbouw.

Paris 1925. Contrast between the order of the street plan and the chaos of the housing blocks. Lack of balance between life and form. Pace of life (streets) and awareness (dwelling) are not in balance.

Van Eesteren took this photograph himself, as he did slide 16 from the Eiffel Tower. The latter shows even more clearly that nineteenth-century Paris has two faces. The street façades are highly ordered but the interiors of the perimeter blocks still reveal a relatively primitive jumble of apartments. The only good solution for this problem is the segregation of residential and traffic functions, with house construction taking the form of parallel rows.

Parijs, Place de l'Odéon
Paris, Place de l'Odéon

Parijs, achttiende eeuw. Eenheid van plan
en opbouw. Voorbeeld van evenwicht tussen vorm en leven uit een ander tijdperk.
Ook tempo en vorm zijn in evenwicht.
Karos: afmetingen plein.

Ook deze opname heeft Van Eesteren zelf
gemaakt. Het is een wat romantisch beeld,
om nog eens duidelijk te maken dat de
historische stad natuurlijk grote charmes
heeft, maar desalniettemin toch niet als
voorbeeld kan dienen voor de moderne stad
omdat moderne mensen nu eenmaal niet
meer in koetsen rondrijden. Om deze reden
waren de lessen van Camillo Sitte en
H.P. Berlage achterhaald. De idealisering
van de historische stad gaat voorbij aan het
gegeven dat er anno 1925 een totaal ander
programma van eisen op tafel ligt voor de
stedenbouwer.

Paris, eighteenth century. Unity of plan and
superstructure. Example of balance between
form and life from another era. Pace and form
are in balance too. Coach and horses
– dimensions of the square.

This is another photograph Van Eesteren took
himself. It is a rather romantic view, shown
to remind the audience that although the
historic city had considerable charm it could
not serve as a model for the modern city, if
only because modern people did not ride
around in horse-drawn carriages. The lessons
of Camillo Sitte and H.P. Berlage were for
this reason outmoded. Idealization of the
historic city failed to take account of the fact
that the town planner of 1925 was faced by
totally different terms of reference.

5

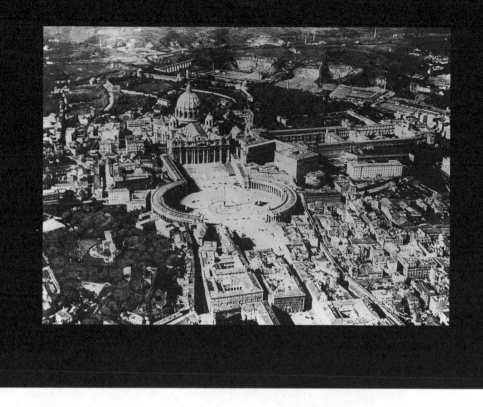

Rome, St. Pietersplein
Rome, St. Peter's Square

Voorbeeld van een niet voltooid stedenbouwkundig plan uit de baroktijd.

Example of an uncompleted urban design
from the baroque.

Van Eesteren had net als zijn leermeester
H.P. Berlage goed nagedacht over de kwaliteiten van de barokke stedenbouw. Het
stedenbouwkundige gedachtegoed van
Berlage was gevormd voor 1910, en deels
zelfs voor 1900. Anno 1928 waren er
echter in de grote steden al zoveel auto's
dat ook de 'wijdruimigheid', zoals Berlage
het noemde, van de barokke stedenbouw
geen oplossing meer bood.
Verkeersdeskundigen hadden toen al begrepen dat het autoverkeer alleen maar goed
kan doorstromen op speciaal gebouwde
autowegen met ongelijkvloerse kruisingen.
Met name dit gegeven was voor Van
Eesteren de aanleiding geweest om als ontwerper radicaal te breken met de methode
van Berlage. De historische betekenis van
de barokke stedenbouw, met name voor het

ruimtelijk denken, werd echter wel degelijk
door hem onderkend.

Van Eesteren had, like his teacher
H.P. Berlage, expended considerable thought
on the qualities of baroque city design.
Berlage's ideas on town planning were
formed before 1910, indeed partly before
1900. By 1928 there were already so many
motor vehicles in the streets of the larger
cities that not even the `roominess' (to use
Berlage's term) of baroque cities offered a
solution. Traffic specialists had by then
already realized that motorized traffic can
only flow smoothly on specially designed
roads with multi-level intersections. It was
this realization in particular that stimulated
Van Eesteren to break completely with
Berlage's method. He did however recognize
the historical significance of baroque city
design, especially the spatial thinking.

Stuttgart, oud en nieuw
Stuttgart, old and new

Stuttgart, boven de tegenwoordige stad,
onder de middeleeuwse stad. De oude
vesting heeft een duidelijke vorm, het tegenwoordige Stuttgart niet.

Van Eesteren schrijft hier letterlijk 'alles
Schloss hat Form'. In deze onvertaalbaar
kernachtige formulering komt ook woede en
frustratie tot uitdrukking. De functionalisten
waren natuurlijk niet alleen profeten, maar
ook uiterst ambitieuze ontwerpers. De
chaos die voortdurend ontstond door half-
slachtige en ondoordachte modernisering in
architectuur en stedenbouw was hen een
doorn in het oog. De 'organische orde' van
oude nederzettingen was Van Eesteren zeer
dierbaar, maar hij wist dat het onvermijdelijk
was om het moderne leven een geheel
eigen verschijningsvorm te geven. De
mogelijkheid om dat te doen kreeg hij pas

na 1 mei 1929, in Amsterdam.

Stuttgart, the contemporary city above, the
medieval city below. The old fortified town
has a clear form, something that modern
Stuttgart lacks.

Van Eesteren's words are literally 'alles
Schloss hat Form'. This pithy but virtually
untranslatable German expression also exudes
anger and frustration. The functionalists were
of course not only prophets but extremely
ambitious designers. The chaos that always
resulted from half-hearted and poorly
thought-out modernization in architecture and
town planning was a thorn in their side. Van
Eesteren cared greatly about the 'organic
order' of ancient settlements, but he knew
that modern life inevitably required quite
different formal surroundings. His first chance
to try this out came after 1 May 1929 in
Amsterdam.

Kortrijk, Begijnhof

Kortrijk, Begijnhof

Kortrijk in Vlaanderen. Eenheid.

Ook dit kernachtige commentaar bij een sfeervolle dia van een oud stadje onderstreept nog eens het gelijk van de functionalisten en het ongelijk van historiserende kwakzalvers. De historische 'eenheid van leven en vorm' moet voor de architect van weleer een – vermoedelijk onbegrepen – zegen zijn geweest. De moderne ontwerper streeft ook naar een dergelijk evenwicht, waarbij historiserende middelen uiteraard taboe zijn, maar stuit op onbegrip en

tegenwerking, zowel in de vakwereld als daarbuiten.

Kortrijk, Flanders. Unity.

This brief note to a charming view of a historic town stresses again that the functionalists were right and the historicizing charlatans were wrong. The historical 'unity of life and form' must have been a boon to the architect of the past (even if he was not explicitly aware of it). The modern designer strives for a similar balance, without of course resorting to historicizing means, but he encounters misapprehension and opposition from both inside and outside the profession.

8

Volendam

Volendam

Volendam Holland. Eenheid. Niet wetmatig maar op natuurlijke wijze. Geen angst voor rationalisering. Alle huizen zijn eender.

In dit commentaar klinkt wederom frustratie, en tevens wordt gewezen op het feit dat ook een pittoresk oud stadje in wezen heel rationeel is. Het kunstmatige contrast tussen oud en pittoresk enerzijds en rationeel anderzijds stoorde Van Eesteren in hoge mate. Een oud vissersdorp was natuurlijk niet minder rationeel dan een moderne staalfabriek, maar de – archeologische en dus verborgen – functionele orde van oude steden werd nooit onderkend door de volgelingen van Camillo Sitte. Hierin is de essentie van het toenmalige debat over architectuur en stedenbouw gelegen. Volgens Sitte was al het moderne niets anders dan een platte vorm van materialisme, terwijl de functionalisten juist betoogden dat het moderne leven voor een getalenteerde ontwerper een gegeven is dat niet minder poëtische mogelijkheden biedt dan een begijnhof.

Volendam, Holland. Unity. Not regulated but arising in a natural way. Not afraid of rationalization. All houses are alike.

This commentary again indicates frustration and moreover points out that even a picturesque old village is essentially quite rational. Van Eesteren despised the artificial contrast between old and picturesque on the one hand, and rational on the other. An old fishing village was of course no less rational than a modern steel works, but the archaeological and hence hidden functional order of old towns was never recognized by the disciples of Camillo Sitte. This was heart of the then ongoing debate in architecture and town planning. In Sitte's view, anything modern was merely a crude form of materialism, whereas the functionalists argued that modern life constituted a challenge to the talented designer that offered no less poetic possibilities than a beguinage.

9

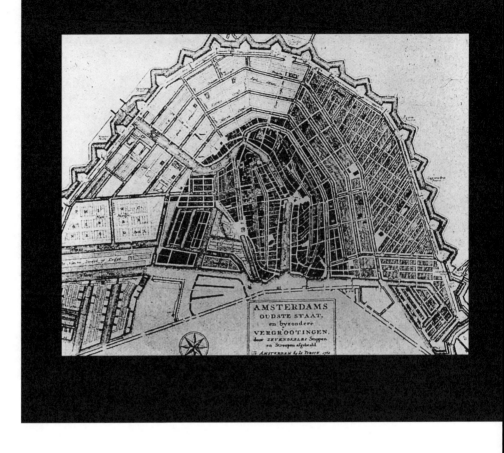

Plattegrond van Amsterdam, 1764
Map of Amsterdam, 1764

Middeleeuwen en renaissance. Stedenbouw
en planloos deel (rechts).

Klaarblijkelijk rekende Van Eesteren de
grachtengordel tot de renaissance – de
barok is meer voor de hand liggend, maar
veel maakt het niet uit. Interessant is ook
zijn opmerking over de Jordaan: deze zeven-
tiende-eeuwse wijk wordt wat overhaast als
planloos gekenmerkt. In feite heeft de wijk
een heel heldere en rationele structuur. Het
was echter destijds een deels verkrotte
achterbuurt met een slechte reputatie. Na
de oorlog heeft Van Eesteren zijn mening
genuanceerd, want onder zijn leiding is
lange tijd gewerkt aan een vernieuwingsplan
voor de Jordaan met behoud van de historische stedenbouwkundige structuur.

Middle Ages and Renaissance. Planned and
unplanned part (right).

Evidently Van Eesteren regarded Amsterdam's
concentric circles of canals as a renaissance
feature (baroque would be a more obvious
description, but it does not make much
difference). His remark about the Jordaan is
also interesting: this seventeenth-century
district is dismissed rather hastily as
'unplanned'. In fact it has a quite clear and
rational structure. At the time, however, the
area was run-down and in parts even derelict,
and it had a sordid reputation. After the war
Van Eesteren must have modified his opinion
somewhat, for under his leadership extended
efforts were made to devise a renovation plan
for the Jordaan which would preserve its
historic urban structure.

Amsterdam, hoek Brouwersgracht-Prinsengracht
Amsterdam, corner of Brouwersgracht and Prinsengracht

Amsterdam 1926. Hoe het renaissance-deel van de stad er nog uitziet.

Dit bekende beeld van Amsterdam is natuurlijk bedoeld om te laten zien hoe perfect het 'evenwicht tussen leven en vorm' ooit geweest is, en hoe duurzaam het derhalve is. Voor Van Eesteren was de grachtengordel een kwalitatieve norm die door de moderne stedenbouw geëvenaard zou moeten worden, zij het met andere middelen.

Amsterdam 1926. The renaissance part of the city still looks like this.

This well-known image of Amsterdam is presumably meant to show how perfect the 'balance between life and form' once was, and hence how durable it is. Van Eesteren regarded the central rings of canals in Amsterdam as a qualitative standard that modern urban design ought to emulate, if by different means.

Amsterdam, hoek Herengracht-Reguliersgracht

Amsterdam, corner of Herengracht and Reguliersgracht

Amsterdam 1926, als voorgaande.

Toen Van Eesteren is Amsterdam ging werken, was er veel zorg over de toekomst van de grachtengordel. In de voorgaande decennia waren er talloze monumenten gesloopt voor de bouw van moderne kantoorgebouwen, telefooncentrales en andere narigheid die de twintigste eeuw met zich meebracht. De discussie over de verbreding van de Leidsestraat was moeizaam geëindigd in een patstelling met licht voordeel voor de tegenstanders. De ontwerper van het Algemeen Uitbreidingsplan stond voor de lastige taak om een wankel evenwicht te bewaren tussen behoud en cityvorming. De mooiste stukken van de grachten werden min of meer tot beschermd stadsgezicht verklaard, maar bij die selectie bleven andere delen uiteraard vogelvrij.

Amsterdam 1926, as above.

At the time Van Eesteren started his career in Amsterdam, there was considerable concern about the future of the central canals area. Numerous monuments had been demolished during the preceding decades to make way for modern office blocks, telephone exchanges and other impositions of the twentieth century. The arguments about widening Leidsestraat had ended up in an arduous stalemate with a slight advantage to the objectors. The designer of the General Extension Plan faced the awkward task of preserving a precarious balance between preservation and the pressure to create a modern city centre. The most attractive parts of the canals were given more or less a protected cityscape status, but this left the unselected parts of the canals open to a free-for-all.

12

Plattegrond van Amsterdam 1924
Map of Amsterdam, 1924

Hoe de stad zich op chaotische wijze
vernieuwd. Aangeven waar de bekende
woningcomplexen staan.

De kritiek richt zich hier op de wijken van
H.P. Berlage en de Amsterdamse School.
Deze ring van uitbreidingen, bekend als de
Gordel 20-40, was inderdaad op chaotische
wijze tot stand gekomen, omdat deze nieuw-
bouwwijken tot 1921 deels in de randge-
meenten waren gelegen. Van samenhang
was dus geen sprake. De methodiek van
Berlage en de gesloten bouwblokken van
de Amsterdamse School stonden weliswaar
garant voor een esthetische orde – die
inmiddels weer bijzonder gewaardeerd
wordt – maar van een functionele orde
was geen sprake. Het gehele betoog
van Van Eesteren en zijn kritiek op de
'Kulissenstädtebau' was in feite bedoeld
om dit duidelijk te maken.

How chaotically the city renovates itself.
Locations of well-known housing complexes
indicated.

The criticism is here aimed at the districts
designed by H.P. Berlage and the Amsterdam
School. This ring of suburban expansion,
known as the 20-40 Belt, had indeed come
about in a chaotic fashion, because the
development areas partly belonged to
adjoining municipalities. Thus there was no
possibility of achieving cohesion. Berlage's
methodology and the closed perimeter blocks
of the Amsterdam School admittedly ensured
a certain aesthetic order – one which is
nowadays very highly appreciated again – but
there was no question of a functional order.
The drift of Van Eesteren's argument and his
criticism of the 'cardboard city' was intended
to make this clear.

Bevolkingsaanwas 1622-1923

Population growth 1622-1923

Toename van de bevolking 1622-1923.
Stedenbouwkundig is dit al een hulpmiddel
bij het maken van plannen. Dergelijke
grafieken verklaren veel.

De toelichting doelt op het feit dat historische en daarmee samenhangende demo-
grafische ontwikkelingen tot uitdrukking
komen in stedenbouwkundige veranderingen. In de functionele stedenbouw zijn
bevolkingsprognoses bovendien van
essentieel belang bij het opstellen van
uitbreidingsplannen. Het gaat daarbij in
eerste instantie niet om de verschijningsvorm van de stad, maar om het programma
van eisen. Hoeveel woningen moeten er
gebouwd worden, hoeveel kleuterscholen,
hoeveel vierkante meters recreatief groen
zijn daarbij noodzakelijk, enzovoort. Die
benadering van het ontwerpprobleem was
wezenlijk nieuw.

Increase in population 1622-1923. In itself
a useful instrument for town planning work.
Graphs of this kind explain a lot.

The note refers to the fact that historical
developments and associated demographic
trends express themselves in the shape of
the city. Population forecasts are moreover
of essential importance in functional town
planning for the purpose of devising
expansion schemes. This is not in the first
instance a matter of the physical form of the
city but of the terms of reference: the number
of dwellings to be built, the number of infant
schools, the appropriate number of square
metres of recreational greenery and so on.
This approach to the design problem was
essentially new.

14

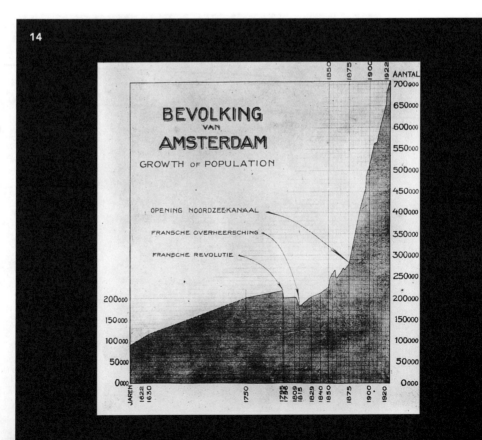

Keulen, omgeving domkerk
Cologne, area around cathedral

Typisch Europese moderne stad. Keulen.
Verschillende elementen uit verschillende
tijdperken zijn op willekeurige wijze bijeen
gezet. Chaos.

Hier duikt voor het eerst de term 'elementen' op in het betoog. In dit geval gaat het
met name over het probleem van toevoegingen en veranderingen in een historische
omgeving. Dat gebeurde doorgaans op
uiterst klungelachtige wijze. Het juiste evenwicht tussen oud en nieuw, zowel in de
details als in het stadsplan als geheel, was
voor Van Eesteren van groot gewicht. Zijn
prijsvraagontwerp voor Unter den Linden in
Berlijn, met motto 'Gleichgewicht', komt nog
ter sprake. Ook in het Algemeen
Uitbreidingsplan van Amsterdam zijn oud
en nieuw met grote zorg aaneengeregen,
terwijl de randmeren van de Zuidelijke
IJsselmeerpolders een oude en een nieuwe

kustlijn in perfecte harmonie verenigen.

Typical European modern city. Cologne.
Different elements from different eras juxta-
posed in an arbitrary way. Chaos.

This is the first time the term 'elements'
appears. At the moment Van Eesteren is
mainly concerned with the problem of
additions and modifications to a historical
environment. That generally took place in an
extremely clumsy way. The right balance
between old and new, both in the details and
in the city plan as a whole, was of great
importance to Van Eesteren. His competition
design for Unter den Linden in Berlin, which
bore the motto 'Gleichgewicht', was at this
point still to be discussed. In the General
Extension Plan for Amsterdam, too, old and
new were combined with great care. Similarly
the old and new shorelines of the residual
lakes bordering the newly-drained South
IJsselmeer Polders formed a harmonious
entity.

15

Parijs, 1925, gezien vanaf de Eiffeltoren
Paris, 1925, seen from the Eiffel Tower

Paris dito. Chaos van de moderne metropool.

Dit is de reeds eerder genoemde dia (zie 4) die laat zien dat de fraaie straatwanden van het negentiende-eeuwse Parijs slechts een dun laagje bladgoud vormen op een stedelijk bouwwerk dat nog steeds veel middeleeuwse trekjes vertoont. Luchtopnames van de stad waren in de jaren twintig nog betrekkelijk nieuw. Voor Van Eesteren waren deze beelden fascinerend omdat het ongebruikelijke standpunt van de waarnemer natuurlijk alle perspectivische wetten van het historische stadsbeeld met voeten treedt. De verhullende rol van goed ontworpen straatwanden en imponerende monumentale gebouwen wordt geëlimineerd, en de vele functionele tekortkomingen komen duidelijk aan het licht.

Paris ditto. Chaos of the modern metropolis.

This is the slide mentioned earlier (see 4), which demonstrates that the elegant street façades of nineteenth-century Paris are mere gilding on an urban structure of a largely medieval character. Aerial views of the city were still a relative novelty in the twenties. Van Eesteren was fascinated by them because the unusual standpoint nullified the traditional perspective rules of the historical cityscape. The concealing role of the well-designed street façades and imposing monumental buildings was eliminated and the many functional defects mercilessly exposed.

New York, begin jaren twintig
New York, early twenties

New York. Confectiewijk. In korte tijd
zo ontstaan. Chaos van de moderne
metropool.

Deze opname, net als een aantal andere
beelden uit de lezing, is overgenomen uit
de publicatie *Berliner Städtebaustudien*
van Roman Heiligenthal (Berlijn 1926). Van
Eesteren had deze bundel overdrukken uit
Der Neubau duidelijk zeer grondig en met
instemming gelezen. Het woud van hoogbouw dat in korte tijd op Manhattan was
verrezen speelde in de Europese discussie
over architectuur en stedenbouw een
belangrijke rol – niet als ideaal, maar als
schrikbeeld. Van Eesteren – en Heiligenthal
vermoedelijk ook niet – was nooit in New
York geweest, maar de technische mogelijkheid om hoger te bouwen, zo was in Europa
de stellige mening, zou ook stedenbouwkundige consequenties moeten hebben.
Het grid van Manhattan, met betrekkelijk
smalle straten en avenues, werd volstrekt
ongeschikt geacht voor hoogbouw.

New York. Garment district. Grown this way
in a short period. Chaos of the modern
metropolis.

This image, like several others used in the
lecture, was taken from the book *Berliner
Städtebaustudien* by Roman Heiligenthal
(Berlin 1926). Van Eesteren had clearly read
this collection of reprints from *Der Neubau*
very closely and agreed with it fully. The
forest of skyscrapers that had risen so
quickly in Manhattan figured strongly in the
European discourse on architecture and
urban design – not as an ideal model but as
an awesome spectre. Neither Van Eesteren
nor – presumably – Heiligenthal had ever
been to New York, but the technical possibility of building taller buildings was, in the
firmly held European opinion, bound to have
consequences for urban design. The grid of
Manhattan with its relatively narrow streets
and avenues was considered totally unsuitable
for high-rise buildings.

17

Amerika, advertentie van een bouwondernemer
United States, construction company advertisement

De elementen van de metropool zijn niet als zodanig de oorzaak van de chaos. Dat bewijst de hier afgebeelde annonce van een Amerikaanse bouwondernemer, die toont wat de firma in de loop der jaren gebouwd heeft. Verschillende elementen van de metropool zijn willekeurig bij elkaar gezet, zoals: fabrieken, silo's, woonhuizen, kantoorgebouwen, een stadion, ziekenhuizen, enzovoort. Ondanks de wat gekunstelde vormen bespeurt men toch een constructieve discipline. Wat alleen nog ontbreekt om een einde te maken aan de chaos is een stedenbouwkundige discipline.

De toelichting bij deze dia dateert in feite uit 1933 – die voor Berlijn 1928 was korter maar van gelijke strekking – voor een lezing in Athene ter gelegenheid van het vierde CIAM-congres. Van Eesteren stelt dat de architectuur niet het probleem vormt. Door het Amerikaanse staalskelet heeft de bouwkunstige revolutie zich eigenlijk al voltrokken. In de stedenbouw is het nog niet zover, omdat men nog niet heeft geleerd om werkelijk functioneel – in plaats van op de wijze der koekenbakkers – over de stad na te denken.

The elements of the metropolis are not in themselves the cause of the chaos. That is proved by this advertisement of an American construction company, which shows what the firm has built over the years. Various elements of the metropolis have been arbitrarily placed together, e.g. factories, silos, houses, office blocks, a stadium, hospitals and so on. Despite the rather affected forms, one can detect a certain constructional discipline. The only thing lacking to put an end to the chaos is a discipline of urban development.

The note to this slide actually dates from 1933 – that for Berlin 1928 was shorter but was to the same effect – and was made in connection with a lecture in Athens for the fourth CIAM Congress. Van Eesteren's argument is that architecture is not the problem. The architectural revolution had already taken place with the advent of American steelframe construction methods. Town planning had not yet reached the same point, however, because planners had not yet learned to think about the city in a truly functional way, instead of in the way of pastry cooks.

19

Dia onbekend
Slide unknown

Hoe het is. Wat voor gebieden vol toevalligheden ontstaan.

De omschrijving van deze dia is zo
algemeen dat met geen mogelijkheid vastgesteld kan worden om welk beeld het
precies gaat. De bedoeling is echter duidelijk, dus de lezer mag hier zelf zijn favoriete
stukje stedenbouwkundige chaos projecteren. Het is in 1997 honderd jaar geleden
dat Van Eesteren werd geboren, en nog
steeds bouwen termieten steden die beter
georganiseerd zijn dan menselijke steden.

The way things are. The areas full of
fortuitous incidents that result.

The description of this slide is so general in
character that it is impossible to tell what
image it refers to. The intention is clear
enough however, so the reader may picture
his own favourite piece of urban chaos
here. 1997 may be the centenary of Van
Eesteren's birth, but termites still build
better-organized cities than people do.

20

Paul Citroen, fotocollage
Paul Citroen, photo-collage

Lekenidee dat uit het voorgaande ontstaat.
Boksmatch in New York. Moderne chaos.
Het wezen der moderne a-classicistische
stad die nog niet tot nieuwe vorm gekomen
is. Tevens demonstratie van enkele belangrijke functies der moderne stad. Werkplaats
en ontspanning der massa.

Deze toelichting maakt duidelijk hoe diep de
kloof is tussen moderne en post-moderne
opvattingen inzake de stad. De functionalisten hadden een diepe afkeer van wanorde.
Wat dit betreft was er geen enkel verschil
tussen Van Eesteren en zijn leermeester
H.P. Berlage. Anno 1997 lijkt dit streven
naar orde soms wat krampachtig.
Chaotische fabriekssteden met giftig
walmende schoorstenen bestaan niet meer
in beschaafde landen, en de Jordaan, een
voormalige achterbuurt in Amsterdam, is
een keurige woonwijk geworden. Vandaar
misschien het hedendaagse verlangen naar
een vleugje chaos.

Layman's idea developed from the above.
Boxing match in New York. Modern chaos.
The essence of the modern non-classical
city that has not yet taken a new form.
Furthermore demonstration of several
important functions of the modern city.
Workplace and recreation area for the
masses.

This note indicates the extent of the gulf
between modern and postmodern views on
the city. The functionalists had a profound
revulsion for disorder. From this point of
view there was no difference between Van
Eesteren and his teacher H.P. Berlage. To
us in 1997, this quest for order may seem
rather contrived. Chaotic industrial towns
with factory chimneys pumping out clouds of
poisonous smoke have largely disappeared
from developed countries, and the Jordaan
area of Amsterdam, formerly regarded as a
slum, is now a much sought-after place to
live. Perhaps this explains the current
hankering after a touch of chaos.

Le Corbusier, Une Ville Contemporaine

Le Corbusier, Une Ville Contemporaine

Le Corbusier, hedendaagse metropool.
De architect geeft de juiste vorm aan de
levende gedachte – brengt haar tot
beelding.

In vervolg op het voorgaande kan men hier
– al dan niet triomfantelijk – concluderen
dat alle woonwijken in hoogbouw tot een
debacle geleid hebben. Toch is het de moeite waard om dit stedenbouwkundig visioen
van Le Corbusier nog eens aandachtig te
bekijken, of 'in nadenken te ervaren', zoals
Van Eesteren placht te zeggen.

Le Corbusier, contemporary metropolis. The
architect designs form for the living idea – he
gives expression to it.

Following on from previous comment, one
may here conclude – with or without a sense
of triumph – that all high-rise residential
developments have had disastrous outcomes.
Still, this product of Le Corbusier's urban
vision merits closer examination (or
'experience in contemplation' as Van Eesteren
often put it).

22-38 **Verkeer** Traffic

Chinesische Rudersklaven auf dem See des Pekinger Sommerpalastes

Chinese roeislaven, vliegtuig
Chinese galley slaves, aeroplane

Typering van middeleeuws en modern verkeer.

Deze afbeelding doet sterk denken aan het beeldmateriaal dat Le Curbusier graag gebruikte. De contrasten die Van Eesteren toont zijn doorgaans toch anders van aard. Bij Le Corbusier gaat het vooral om het vernuft en de elegantie van moderne verkeersmiddelen. De volgende dia's laten zien dat Van Eesteren meer de klemtoon legt op de resulterende stedenbouwkundige problemen. In dit geval dus: hoe groot moet een vliegveld eigenlijk zijn, welke voorzieningen zijn daarbij vereist, enzovoort. Sommige moderne luchthavens, waaronder Schiphol, zijn als zodanig bijna perfect ontworpen – maar de stedenbouwkundige situering is een onopgelost probleem. Hier geldt wel bij uitstek dat het 'levenstempo' geheel niet meer in overeenstemming is met de beschikbare stedenbouwkundige en bestuurlijke middelen.

Cameo of medieval and modern transport.

This slide is strongly reminiscent of the kind of illustration Le Corbusier was so fond of using. Van Eesteren used such images for a different purpose, however. Le Corbusier was primarily excited by the technology and elegance of modern transportation. The following slides make it clear that Van Eesteren placed more emphasis on the resulting urban planning problems: in this instance, how large an airport had to be, what supporting facilities it needed etc. Some modern airports such as Schiphol have been designed almost to perfection in this respect, but their siting within the urban context remains an unsolved problem. This is a prime example of the 'pace of life' having outgrown the available means of planning and government.

**Parijs, halteplaats van de postkoets
naar Creil**
Paris, terminus for the Creil stage-coach

Middeleeuws station, tot het ontstaan van
de spoorwegen vertrekpunt van het post- en
personenverkeer naar Creil (noorden).

Deze dia en de volgende vormen een
perfect contrast. De kleinschaligheid van
het verkeer in het pre-industriële tijdperk
maakte scheiding van functies overbodig.
Architectonisch zou een vergelijking met de
vliegtuighangars uit de jaren twintig meer
spektakel opgeleverd hebben, maar het
gaat in dit geval weer om het probleem
van de stedenbouwkundige situering, en
de ongekende toename van de ruimte die
het verkeer voor zich opeist.

Medieval station. Until the growth of railways,
the point of departure for all postal and
passenger traffic to Creil (north).

This slide forms a perfect contrast with
the next one. The small-scale character of
transportation in the pre-industrial era made
the separation of functions superfluous.
Architecturally, a comparison with the aircraft
hangars of the twenties would have been
even more spectacular, but in this case the
main point is again the problem of siting within the urban context, and the unprecedented
amount of space claimed by traffic.

Leipzig, rangeerterrein
Leipzig, marshalling yard

Hedendaagse spoorweginfrastructuur. Leipzig Centraal Station. Dit alles om te laten zien dat de problemen en elementen van de hedendaagse stedenbouw tot in het oneindige gegroeid zijn. Een intuïtieve aanpak voldoet niet meer, en daarom hebben we wetenschappelijke stedenbouw nodig.

Het rangeerterrein laat duidelijk zien wat bedoeld wordt, stedenbouwkundig is het natuurlijk lastig om een dergelijk 'element' zodanig te situeren in de stadsplattegrond dat het een minimum aan hinder oplevert. Het goederenvervoer per spoor is sindsdien sterk afgenomen, maar aldus is het probleem verplaatst naar de (snel)weg. De chaotische gang van zaken in de besluitvorming voor de Betuwe-lijn, voor goederentransport per rail van Rotterdam naar het achterland, en de Hogesnelheidslijn, voor personenvervoer van Schiphol in zuidelijke richting, heeft nog eens duidelijk gemaakt dat 'wetenschappelijke stedenbouw' iets anders is dan infrastructureel paniekvoetbal.

Contemporary railway infrastructure. Leipzig Central Station. To show that the problems and elements of contemporary town planning have grown to an enormous degree. An intuitive approach is no longer sufficient, which is why we need scientific town planning.

The marshalling yard makes the point clearly. It is a difficult task for the planner to situate an 'element' of this kind in the urban structure in such a way that it causes a minimum of nuisance. Goods transportation by rail has declined strongly since then, but the problem has consequently been shifted onto the roads and motorways. The chaotic decision-making process relating to the 'Betuwe Line', a proposed new goods line across the Netherlands from Rotterdam to the German border, and the High Speed Line southwards from Schiphol, reveal once again that 'scientific town planning' is not the same as infrastructural panic measures.

24

New York, Grand Central Terminal, 1906
New York, Grand Central Terminal, 1906

New York, Grand Central Terminal met stoomtractie.

Het beroemde stationsgebouw uit 1913 is op de dia niet te zien. Het gaat om de enorme rookwolken die wel te zien zijn. Het woord milieu was in 1928 nog niet uitgevonden, maar dat grote stoomlocomotieven onpraktisch zijn en veel rotzooi maken, sprak waarschijnlijk vanzelf. Een groot station met stoomtractie is een 'element' dat niet past in het centrum van een moderne stad. De volgende dia toont opnieuw Grand Central Terminal, maar dan met elektrische tractie – en daarmee is een groot deel van het probleem opgelost.

New York, Grand Central Terminal with steam traction.

This slide does not show the famous station of 1913. The point is the tremendous clouds of smoke that are visible. 'The environment' was virtually unheard of as an issue in 1928, but the fact that large steam locomotives are impractical and dirty in dense urban surroundings must surely have been self-evident. A major station with steam traction was an 'element' that did not belong in a modern city centre. The next slide is also of Grand Central Terminal, but with electric traction, which had meanwhile largely solved the problem.

New York, Grand Central Terminal, 1915
New York, Grand Central Terminal, 1915

Hetzelfde station geëlektrificeerd.
Dergelijke ontwikkelingen moet de stedenbouwer planmatig onderzoeken.

De stedenbouw moet dus voor zover mogelijk anticiperen op toekomstige ontwikkelingen. Een mooi voorbeeld daarvan is de ringspoorbaan om Amsterdam. Het dijklichaam is aangelegd tijdens de jaren twintig, voor goederentransport vanuit het Westelijk Havengebied rond de stad in plaats van door het nauwe Centraal Station. Door elektrificatie van de tractie was de verbinding echter overbodig geworden nog voor ze in bedrijf werd gesteld, er zijn nooit rails gelegd. In het Algemeen Uitbreidingsplan (1934) werd de reservering in het stadsplan toch gehandhaafd met het oog op toekomstig personenvervoer. Vele kortzichtige wijsneuzen hebben nadien nog geopperd om het dijklichaam weer af te graven, maar inmiddels is gebleken hoe verstandig het is om de ontwikkeling van de infrastructuur voor te zijn met anticiperende stedenbouwkundige maatregelen.

The same station electrified. The town planner must study developments of this kind systematically.

Town planning must thus strive to anticipate future developments. An interesting example of this is the railway ring around Amsterdam. The embankment was built in the twenties, to allow the transportation of goods from the Western Docks around the city instead of through the constricted Central Station. Electrification of the railways made the route superfluous even before it came into use, and the rails were never laid. In the General Extension Plan (1934), however, the embankment was retained in the city master plan with an eye to future passenger traffic needs. There were subsequently many unsolicited proposals to level the embankment, but these proved short-sighted. It has meanwhile become clear how sensible it was to take anticipatory town planning measures that allowed for the future development of the infrastructure.

Berlijn, schema reistijden
Berlin, journey times

Voorbeeld van wetenschappelijke stedenbouw. Kortere reistijden met geëlektri-
ficeerde tractie op verbindingen tussen
voorsteden en centrum. Bewoning van
het gebied rond de stad. Maatregelen.
Mogelijkheden tot decentralisering
(Heiligenthal).

Niets, zelfs hoogbouw niet, heeft de
verschijningsvorm van de moderne metropool zo sterk bepaald als het stedelijk rail-
vervoer van personen onder en-of boven de
grond. De plattegrond van het hedendaagse
Londen is bepaald door het lijnennet van de
Underground. Het ontstaan van de suburb,
een geheel nieuwe en superieure vorm van
de stedelijk wonen, is mogelijk gemaakt
door Underground, Elevated en Subway.
De S-Bahn heeft van Berlijn een moderne
Europese stad gemaakt, en de reeds eerder
genoemde Roman Heiligenthal had bere-
kend, in zijn *Berliner Städtebaustudien,* dat
Berlijn nog sneller zou kunnen groeien en
decentraliseren door de S-Bahn te elektrifi-
ceren. Van Eesteren vond dat een goed
idee, maar, zo stelde hij, dat maakt het

probleem van de moderne stedenbouw
nog urgenter dan het al is.

Example of scientific planning. Shorter
journey times with electrified rail links
between the suburbs and the centre. Housing
development in the region around the city.
Measures. Possibilities for decentralization
(Heiligenthal).

Nothing, not even high-rise building, has
determined the appearance of the modern
metropolis as much as the urban rail
passenger transport, both above and below
ground. The shape of contemporary London
is dominated by the Underground network.
The rise of the suburb, a completely new and
superior form of urban habitation, was made
possible by the Underground, the Elevated
and the Subway. The S-Bahn turned Berlin
into a modern European city, and Roman
Heiligenthal, already mentioned above,
calculated in his *Berliner Städtebaustudien*
that electrification of the S-Bahn would allow
Berlin to grow and decentralize even more
quickly. Van Eesteren agreed that this was
a good idea, but, he observed, it made the
problem of modern town planning even more
urgent that it already was.

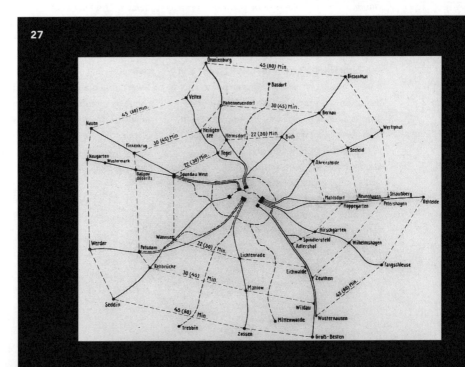

27

Bonn
Bonn

Bonn. Het verkeer voor de auto verscheen.

Een plein met traditionele architectuur, wat wandelaars, en enkele door paarden voort-getrokken voertuigen. Zo was het in alle Europese steden, tot omstreeks 1910. Daarna ging het snel. De volgende dia, een Engelse spotprent uit 1926, geeft een geheel ander, en veel bekender beeld van de Europese stad. De automobiliteit was een probleem geworden. Vervolgens heeft men decennia lang geprobeerd om oude steden door middel van doorbraken te accommoderen voor modern, gemotoriseerd verkeer. Tevergeefs natuurlijk. Men kan, schreef de Amerikaan Lewis Mumford, de stad niet toegankelijk maken voor auto's zonder de stad zelf te vernietigen.

Bonn. Traffic before cars appeared.

A square with traditional architecture, some pedestrians and a few horse-drawn carriages: all European towns were much like this until about 1910. Then things started changing quickly. The next slide, an English satirical cartoon from 1926, gives a different and much more familiar picture of the European city. Car traffic had become a problem. Subsequently planners spent several decades trying to accommodate old cities to the needs of modern motorized traffic by clearing buildings for wider roads. Their efforts were in vain, of course. It was impossible, wrote Lewis Mumford, to make the city accessible for cars without destroying the city itself.

Verkeer in Londen, spotprent
Traffic in London, cartoon

Verkeer na het verschijnen van de auto.

Het autoverkeer, zo heeft Van Eesteren na de oorlog nog eens vastgesteld, is een ramp voor de stad. Toch is de wereld van de voorgaande dia, geheel zonder auto's, al niet meer voorstelbaar. Er zijn zes miljoen auto's in Nederland, en men moet dus vaststellen dat de automobiliteit een democratische keuze is, bovendien zou het land economisch ontwricht raken zonder auto's. De ergste overlast in de binnensteden is met redelijk succes bestreden door middel van parkeerbeleid. Zo is er ten slotte een soort evenwicht gevonden, maar een echte oplossing voor de automobiliteit als stedenbouwkundig probleem bestaat niet.

Traffic after the car arrived.

Motorized traffic, Van Eesteren remarked after the war, is a disaster for the city. Nonetheless the world of the previous slide, with not a car in site, has already become unimaginable. The Netherlands has six million cars, so it must be concluded that automobilism is a democratic choice – and moreover the country's economy would break down without cars. The worst pressure on the city centres has been relieved with some success by means of parking restrictions. Thus ultimately a kind of balance has been achieved, but no real solution exists for the planning problem of car traffic.

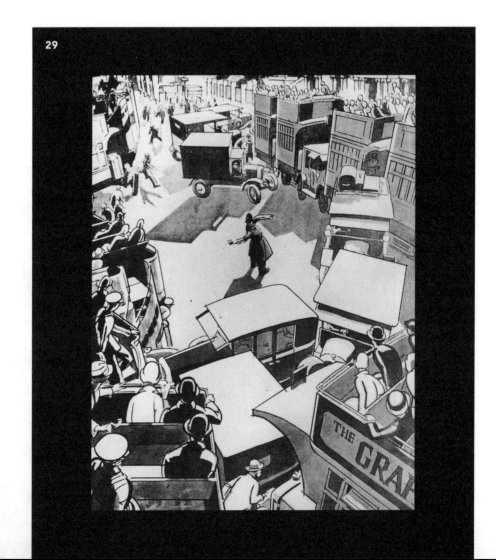

29

Parijs, Place de l'Étoile
Paris, Place de l'Étoile

Voorbeeld van een rotonde. Dit systeem
vindt nu overal invoering. Verkeer, asfalt,
werking van het materiaal. Met keien een
geheel ander werktuig. Voorbeeld van
moderne materiaaltegenstellingen in de
stedenbouw.

Van Eesteren heeft deze opname zelf
gemaakt vanaf de Arc de Triomphe. De
opmerking over asfalt komt ook voor in de
toelichting bij het Rokin-prijsvraagontwerp.
Dit bestratingsmateriaal was destijds nieuw.
Het heeft technisch vele voordelen ten
opzichte van traditionele keienbestrating,
maar het is esthetisch evident inferieur.
Toch, en dat is waar het Van Eesteren om
gaat, moet de ontwerper het nieuwe materiaal weten te gebruiken. Hetzelfde geldt voor
de rotonde als ruimtelijk gegeven. Dit is in
feite een oplossing voor kruisende verkeers-
stromen die het oude idee van stedelijke
pleinen marginaliseert, en het heeft ook Van
Eesteren moeite gekost – bij het ontwerpen
van het Amsterdamse Prins Bernhard Plein

– om dit verdrietige feit onder ogen te zien.

Example of a roundabout. This system is now
being introduced everywhere. Traffic, asphalt,
effect of the material. Cobblestones produce
an entirely different instrument. Example of
modern contrasts of material in town planning.

Van Eesteren took this photograph himself
from a viewpoint on the Arc de Triomphe.
The remark about asphalt also occurs in the
notes to the Rokin competition design. This
paving material was new at that time. It had
numerous technical advantages over the
traditional cobblestones paving but it was
evidently aesthetically inferior. All the same
– and this is what concerns Van Eesteren –
the designer must learn how to use the new
material. The same applies to the roundabout
as a spatial feature. This was a solution for
intersecting traffic streams that effectively
marginalized the old idea of urban squares,
and it took some effort on the part of Van
Eesteren to face up to this sad fact when
designing the Prins Bernhard Plein traffic
roundabout in Amsterdam.

30

Panorama
de la Place de l'Étoile
pris en ballon
Altitude 700ᵐ   J. H. Déposé.

Parijs, Place de l'Étoile
Paris, Place de l'Étoile

Het verkeersplein heeft zich ontwikkeld uit
een parkaanleg.

Met deze dia introduceert Van Eesteren
een nieuw thema, namelijk een prijsvraagontwerp dat hij samen met zijn Franse
vriend Georges Pineau in 1926 had
gemaakt voor de modernisering van het
stratenplan van Parijs. Het was natuurlijk
inderdaad zo dat het historische Parijs niet
was ontworpen voor massaal autoverkeer.
De vraag was dus: hoe ontwerpt men een
stratenplan voor een hedendaagse stad dat
optimaal is ingericht voor de auto. In de
loop van 1926 kwam Van Eesteren langzaam tot het inzicht dat het bestaande
Parijs geheel gesloopt zou moeten worden
om het autoverkeer vrij baan te geven.
Daarmee kwam een einde aan zijn pogingen
om cityvorming te verzoenen met de wetten
en regels van de traditionele stedelijke
ruimte. Vervolgens kwam hij ook tot de

conclusie dat de ontwerpmethode van
H.P. Berlage geen toekomst meer had.

The traffic roundabout has developed from a
park design.

Van Eesteren introduced a new topic with
this slide, namely the competition design for
modernization of the road plan of Paris which
he had made together with his French friend
Georges Pineau. It was of course true that
historic Paris had not been designed for
mass vehicular traffic. The question was thus
how could one design a road scheme for a
contemporary city which was optimally gauged
to the motor car. Van Eesteren gradually
came to the realization in the course of 1926
that Paris as it existed would have to be
demolished to give free rein to the traffic.
This put an end to his attempts to reconcile
the high-rise city centre with the laws and
customs of the traditional urban space. He
then drew the further conclusion that the
design method of H.P. Berlage was obsolete.

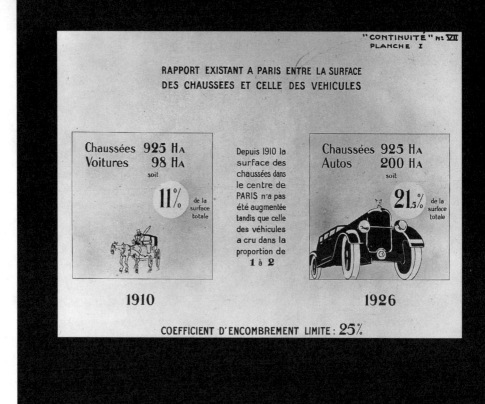

Prijsvraagontwerp 'Continuité' VII
Competition design 'Continuité' VII

Hoe de stedenbouwer het verkeer van een
metropool aanpakt.

De omschrijving die Van Eesteren geeft van
deze dia is vaag, maar uit het commentaar
bij de volgende dia blijkt dat het moet
gaan om een onderdeel van de prijsvraaginzending 'Continuité'. Waarschijnlijk betreft
het het blad waarop is weergegeven hoe de
beschikbare ruimte voor het verkeer overvol
dreigt te raken door de groei van het aantal
auto's. Daarbij werd verondersteld dat 75
procent van de totale oppervlakte aan
wegen beschikbaar moet blijven voor
verkeersbewegingen. Hoe de berekening
precies verliep is niet geheel helder, maar
wel is duidelijk dat het gaat om een
analytische benadering van het probleem
– dus: 'wetenschappelijke stedenbouw'.

How the planner deals with the traffic of a
metropolis.

Van Eesteren's description of this slide is
vague, but his comment on the next slide
indicates that it must have been part of the
'Continuité' competition entry. Probably it
relates to the sheet showing that the space
available for traffic was in danger of becoming
completely congested by the growing mass
of cars. It was assumed that 75 per cent of
the total surface area of roads had to be kept
free for traffic movements. The precise
course of this calculation is not clear, but it
is evident that the problem was being
approached analytically – i.e. 'scientific
planning'.

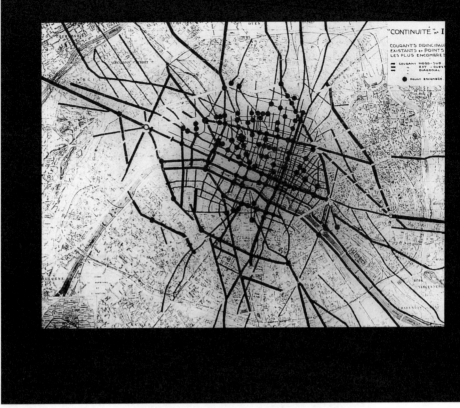

Prijsvraagontwerp 'Continuité' I
Competition design 'Continuité' I

Uit hetzelfde project. Analyse die met
punten aangeeft waar zeer grote verkeersproblemen zijn.

Van Eesteren en Pineau beschouwden
verkeersopstoppingen als de kern van het
probleem, net als tegenwoordig regelmatige
file-vorming wordt beschouwd als indicatie
voor een structureel verkeersprobleem. Het
motto van hun ontwerp, 'Continuité', geeft
aan dat verkeer permanent moet kunnen
doorstromen. Deze term was overigens
ontleend aan een theoretisch beginsel dat
Léon Jaussely (1875-1932) – van wie
Pineau les kreeg aan de École des Hautes
Études Urbaines in Parijs – had geformuleerd voor het spoorwegverkeer. Ook deze
dia onderstreept nog eens de analytische
benadering van het probleem. Het ontwerpen begint pas wanneer de probleem-

stelling heeft geresulteerd in een duidelijk
programma van eisen.

From the same project. Analysis with dots
showing where major traffic problems occur.

Van Eesteren and Pineau regarded traffic
congestion as the heart of the problem, just
as regular queue formation is currently
regarded as a symptom of structural traffic
flow problems. Their design's motto,
'Continuité', suggests that the traffic must
be capable of continuous flow. This term was
incidentally derived from the theoretical
principles that Léon Jaussely (1875-1932),
from whom Pineau had received instruction
at the École des Hautes Études Urbaines in
Paris, had formulated for rail traffic. This
slide, too, stresses an analytical approach to
the problem. The design work can not begin
until study of the problem has resulted in
clear terms of reference.

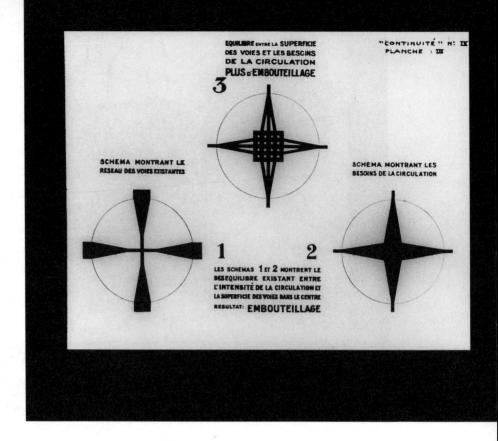

Prijsvraagontwerp 'Continuité' IX
Competition design 'Continuité' IX

Abstractie van het verkeer. Verhouding
tussen verkeersruimte, bebouwde ruimte,
en de ruimte die het verkeer behoeft.

Deze schema's spreken bijna voor zichzelf.
Juist waar de behoefte aan verkeersruimte
het grootst is, namelijk in het centrum, zijn
oude steden zeer dicht bebouwd. Zo is de
middeleeuwse kern van Amsterdam alleen
goed toegankelijk voor voetgangers.
Schema drie geeft aan wat er zou moeten
gebeuren. Het centrum, met al die stegen
en smalle straatjes, moet getransformeerd
worden tot een efficiënt raster van verkeerswegen en moderne bebouwing. Dit ideaal
was in Parijs natuurlijk niet realiseerbaar,
en het is Van Eesteren en Pineau ook niet
gelukt om een acceptabel compromis te
vinden tussen theorie en werkelijkheid.

Abstraction of the traffic. Relation between
traffic space, built space and the requirement
for traffic space.

These diagrams almost speak for themselves.
Old cities have the highest building density
precisely where the requirement for traffic
space is greatest, namely in the centre. For
example the medieval heart of Amsterdam is
easily accessible only for pedestrians.
Diagram 3 indicates what would have to
change. The centre, with all its alleys and
narrow streets, would have to be transformed
into an efficient grid of traffic roads and
modern buildings. This 'ideal' was of course
out of the question in Paris, and Van
Eesteren and Pineau were unable to strike
an acceptable compromise between theory
and practice.

Parijs, 1914, verkeersschema
Paris, 1914, traffic scheme

L'automobilisme et les voies rayonantes de Paris'.

Parijs voor 1914, hoofdverkeerswegen.
Was destijds optimaal, uit Lewis.

Paris before 1914, main traffic routes. At the time it was optimal. From Lewis.

Deze afbeelding, net als dia 25 en 26, is overgenomen uit *Planning the Modern City,* van Nelson P. Lewis (New York 1916). In dit boek wordt geen bron genoemd, maar Van Eesteren en Pineau kenden ongetwijfeld de reeks van publicaties van Eugène Hénard onder de overkoepelende titel *Études sur les transformations de Paris* (herdruk Parijs 1982). Hun prijsvraagontwerp is duidelijk op veel punten beïnvloed door het onderzoek van Hénard. Met name de wijze waarop het netwerk van oude en nieuwe hoofdverkeerswegen wordt geabstraheerd tot een schema waarin slechts met moeite de plattegrond van Parijs herkend kan worden, is al in 1905 door Hénard beschreven in zijn artikel 'La circulation dans les villes modernes.

This illustration, like slides 25 and 26, was taken from *Planning the Modern City* by Nelson P. Lewis (New York 1916). This book does not cite a source, but Van Eesteren and Pineau were undoubtedly acquainted with the series of publications by Eugène Hénard which appeared under the umbrella title *Études sur les transformations de Paris* (reprinted Paris 1982). Their competition design was clearly influenced by Hénard's research in several respects. In particular, the way the network of old and new main traffic routes is abstracted into a diagram in which the map of Paris can be recognized only with difficulty, was already described by Hénard in 1905 in the article 'La circulation dans les villes modernes. L'automobilisme et les voies rayonantes de Paris'.

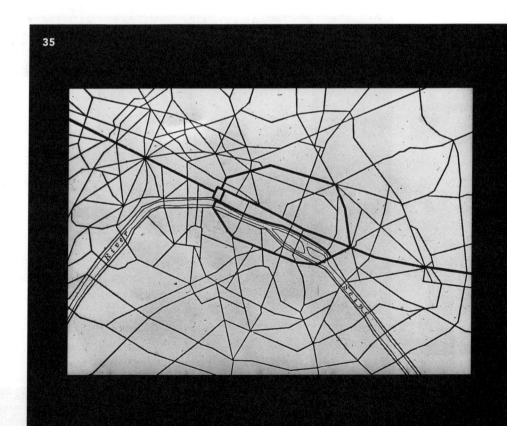

35

Van Eesteren en Pineau, 1926, verkeersschema voor Parijs
Van Eesteren and Pineau, 1926, traffic scheme for Paris

Hoe het tegenwoordig zou moeten zijn. Uitleggen. Seine enz., noord-zuid, oost-west.

Van Eesteren en Pineau hebben een nieuw raster van verdiepte autowegen geprojecteerd. De poging om deze nieuwe wegen in te passen in het bestaande Parijs was in feite een hopeloze onderneming, maar de vele praktische problemen die onopgelost bleven, werden door de jeugdige ontwerpers gewoon genegeerd. Zo was er geen oplossing te vinden voor het gegeven dat de veelal ondiep aangelegde Métro wordt gekruist door de verdiepte autowegen, en evenmin konden de ontwerpers zich een juiste voorstelling maken van een ongelijkvloerse kruising tussen twee – zes meter – verdiepte autowegen. In principe moet er dan een ondergronds klaverblad gebouwd worden.

How it ought to be nowadays. Explain. Seine etc., north-south, east-west.

Van Eesteren and Pineau projected a new grid of sunken traffic arteries. Attempting to fit these new main roads into the existing structure of Paris was actually a hopeless enterprise, but the young designers simply ignored the countless practical problems that the scheme presented. For example, they were unable to suggest a solution for where the sunken roads would cross the Metro tunnels which often ran only a short distance below the ground. The designers were similarly unable to make a credible proposal for a multi-level intersection between two motorways sunken to a depth of six metres. In principle an underground clover-leaf crossing would have to be constructed at such points.

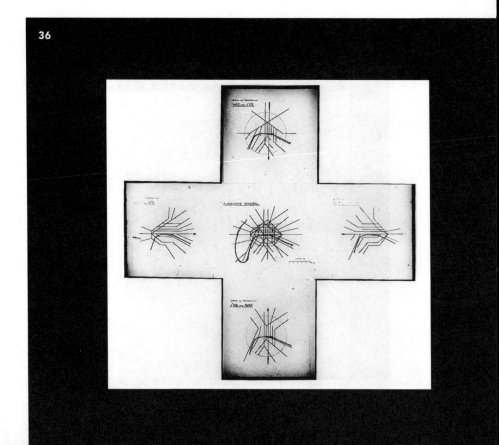

36

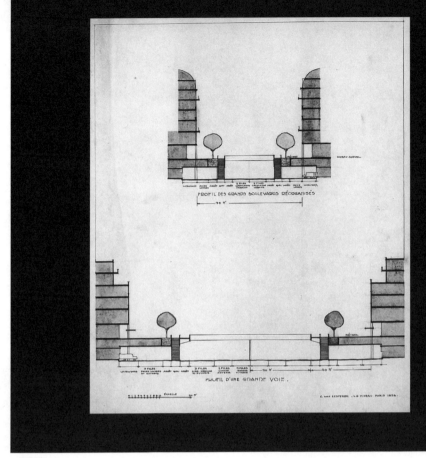

Van Eesteren, 1926, twee straatprofielen voor Parijs

Van Eesteren, 1926, two road profiles
for Paris

De stad groeit verder.

Dit korte commentaar bij twee tamelijk futuristische straatprofielen geeft aan dat Van Eesteren de toekomst vol vertrouwen tegemoet zag, hij sprak ook wel van 'de boulevards van de twintigste eeuw'. Toch zijn dergelijke verkeerswegen in de stad nooit een succes geworden, voor zover ze überhaupt gerealiseerd zijn. Voor deze straatprofielen had Van Eesteren tal van voorbeelden tot zijn beschikking die ontwikkeld waren voor Amerikaanse steden. Deze zijn afgebeeld in *Amerikanische Architektur & Stadtbaukunst* van Werner Hegemann (Berlin 1925). In Amerika dacht men overigens doorgaans aan het verhogen van de trottoirs, wat

natuurlijk goedkoper is dan de weg over de volle breedte zes meter te verdiepen.

The city continues growing.

This short comment on two fairly futuristic road profiles indicates that Van Eesteren looked confidently to the future, speaking as he did of 'the boulevards of the twentieth century'. Nonetheless urban traffic arteries of this kind, to the extent they have been built at all, have never had much success. Van Eesteren could refer to countless examples of such road designs that had been developed for American cities. These are illustrated in *Amerikanische Architektur & Stadtbaukunst* by Werner Hegemann (Berlin 1925). The American designs generally resorted to raising the footpaths, which was of course less expensive than sinking the road to a depth of six metres over its full width.

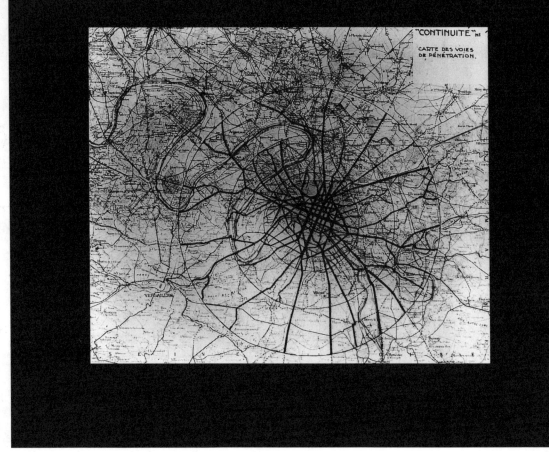

Prijsvraagontwerp 'Continuité' II
Competition design 'Continuité' II

Hoe Parijs na de reorganisatie in het landschap zal liggen. Er is alleen een detail
bestudeerd: alleen verkeer.

Het meest merkwaardige van dit verkeersplan is dat de – voor de hand liggende –
autosnelweg rond de stad, de Périphérique
die elke vakantieganger kent, schittert door
afwezigheid. Al het doorgaande verkeer
wordt dwars door de stad geleid. In het
Algemeen Uitbreidingsplan van Amsterdam
is wel een ringweg getekend, zij het nog
met twee rijbanen, twee ventwegen voor
handkarren en ander langzaam verkeer, en
twee fietspaden. De tegenwoordige A10
heeft een heel ander profiel.

The relation of Paris to the landscape after
the reorganization. Only one detail has been
studied: traffic.

The most remarkable thing about this traffic
scheme is that the obvious orbital motorway
around the city – the Périphérique, known to
every traveller – is completely absent. All
transit traffic is conducted right through the
city. In the Amsterdam General Extension
Plan, an orbital route was drawn in, although
only as a two-lane highway with two service
roads for handcarts and other slow traffic and
two cycle paths. The profile of the present
A10 orbital motorway bears no resemblance
to the old design.

39-50 **Recreatie** Recreation

Bussum, 1924, tennisbanen
Bussum, 1924, tennis courts

Bussum. Sportpark. Een goed klein sportcomplex, zoals die regelmatig verspreid in
de stad zouden moeten liggen.

De eerste stad in de wereld waar systematisch dergelijke voorzieningen voor actieve
recreatie werden aangelegd, was Chicago.
Van Eesteren kende dit voorbeeld uit de
publicaties van Werner Hegemann. Voor het
Algemeen uitbreidingsplan van Amsterdam
is een zeer compleet systeem van open-
lucht recreatievoorzieningen ontwikkeld,
waarbij met name aandacht is besteed aan
de behoeften van verschillende leeftijds-
groepen. Tegenwoordig wordt daar zeer
weinig gebruik van gemaakt, omdat mensen
op een geheel andere wijze recreëren dan
tijdens de jaren twintig.

Bussum, Sportpark. A good, small sports
complex of a kind that ought to be spread
uniformly through the city.

The first city in the world to be systematically
provided with such facilities for active
recreation was Chicago. Van Eesteren knew
this example from the publications of Werner
Hegemann. A comprehensive system of
open-air recreational facilities was developed
for the General Extension Plan in Amsterdam,
with particular attention being paid to the
needs of various age groups. Nowadays very
little use is made of these facilities since
people tend prefer other kinds of recreation.

Erie, stadion
Erie, stadium

America. Erie 1924. In combination with school.

Amerika. Erie 1924. In combinatie met school.

Van Eesteren laat verschillende Amerikaanse stadions zien. Met dit element had hij zelf ook te maken gehad door zijn betrokkenheid bij de ontwerparbeid voor het Olympisch Stadion in Amsterdam. Het grote aantal bezoekers maakt het stadion tot een interessant stedenbouwkundig probleem, met grootschalige parkeervoorzieningen, openbaar vervoer, enzovoort. Van groot belang voor de stad als geheel.

Van Eesteren shows various American stadiums. He had some direct experience with this 'element' owing to his involvement in the design work for the Olympic Stadium in Amsterdam. The huge numbers of people attending make a stadium an interesting town planning problem, requiring extensive car parking facilities, public transport and so on. It has considerable importance to the city as a whole.

40

Illinois, stadion
Illinois, stadium

Hetzelfde.

Van Eesteren geeft hier duidelijk zeer spaarzaam commentaar, de beelden moeten voor
zich spreken. Vermoedelijk deden ze dat
ook. Grote stadions waren in Europa nog
een betrekkelijk onbekend verschijnsel.

Ditto.

Van Eesteren's comments are minimal here
because the images had to speak for themselves; and probably they did. Large stadiums
were still a relatively unfamiliar phenomenon
in Europe.

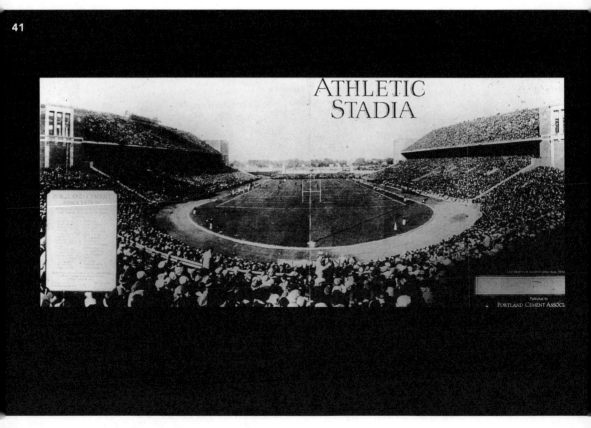

41

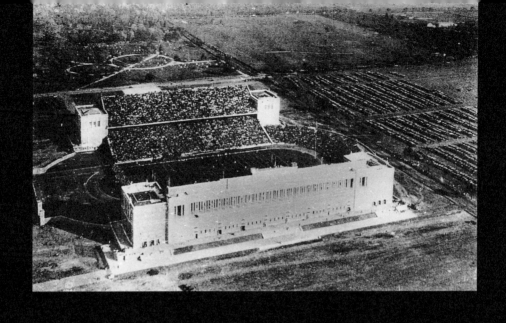

Illinois, stadion
Illinois, stadium

Hetzelfde.

Op deze dia, rechts op de achtergrond, is ook het enorme parkeerterrein te zien dat bij het stadion behoort. Een gegeven waaraan de ontwerper de nodige aandacht moet besteden.

Ditto.

This slide shows (right foreground) the enormous car park adjoining the stadium – a feature requiring a certain amount of attention from the designer.

Parijs, renbaan Long Champs
Paris, Long Champs race course

Hetzelfde.

Voor Berlijn in 1928 noteerde Van Eesteren dus niets bijzonders. Bij een andere gelegenheid, een jaar eerder in Rotterdam, was hij iets uitvoeriger: 'functionele toepassing van groen en ruimte in het stadsplan. Geeft tevens een indruk van de geweldige mensenmassa's die in grote steden moeten worden verplaatst.' Een van de centrale problemen van de moderne stedenbouw is dus het vervoer van de massa, hetzij per auto, hetzij per openbaar vervoer. Het nieuwe Ajax-stadion in Amsterdam is wat dit betreft een voorbeeld van 'wetenschappelijke stedenbouw'.

Ditto.

For the Berlin lecture of 1928, Van Eesteren has no special comment on this slide. On the earlier occasion in Rotterdam, he was more voluble: 'functional use of greenery and space in the master plan. Also gives an impression of the enormous masses of people who have to be transported in a city.' One of the central problems of modern planning is thus transportation of the populace, whether by private or public transport. The new Ajax Stadium in Amsterdam is in this respect an example of 'scientific planning'.

43

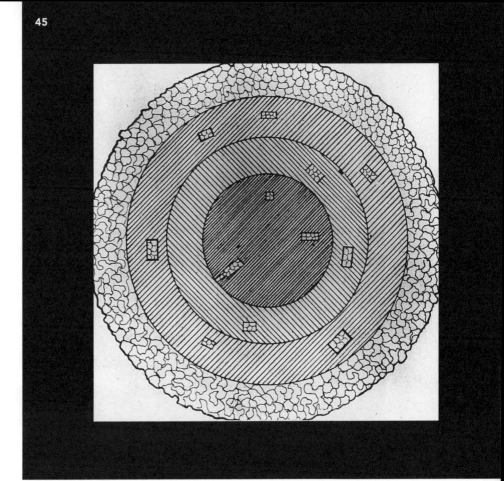

44

Tussen pagina vijf en pagina zes van zijn
notities is Van Eesteren dit nummer
vergeten.
Van Eesteren's notes omit this number, which
occurs at a page boundary.

45
Prijsvraag Groß Berlin, 1910
Groß Berlin competition, 1910

Eberstadt. Om de stad te kunnen begrijpen
en planmatig te benaderen. Abstractie.
Concentrische stedenbouw.

Dit schema, en het volgende, dia 46, waren
in Berlijn natuurlijk algemeen bekend. Beide
schema's vormden een onderdeel van de
prijsvraaginzending van Rudolf Eberstadt,
Bruno Möhring en Richard Petersen voor

Groß Berlin, en het begrip 'radiale stads-
uitbreiding' was daardoor simpel, helder en
onvergetelijk verbeeld.

Eberstadt. In order to understand the city and
approach it in a systematic way. Abstraction.
Concentric urban scheme.

This diagram and the next, slide 46, were
of course already familiar to the audience in
Berlin. Both formed part of the competition
entry submitted by Rudolf Eberstadt, Bruno
Möhring and Richard Peterson for Groß
Berlin. It illustrates the concept of radial
urban expansion in a simple, clear and
unforgettable fashion.

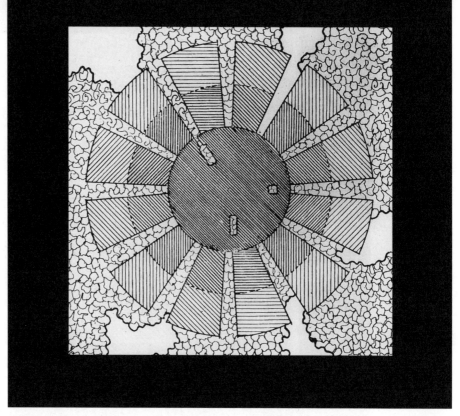

Prijsvraag Groß Berlin, 1910
Groß Berlin competition, 1910

Groen tot in de kern van de stad.
Hygiënische eisen. Eenvoudige gedachte,
grote overredingskracht.

Hier klinkt in het commentaar van Van
Eesteren duidelijk bewondering. De twee
schema's van de drie Duitse ingenieurs
verbeelden inderdaad op frappant simpele
wijze een buitengewoon complex probleem.
In Athene, 1933, heeft Van Eesteren nogmaals gewezen op het principiële verschil
tussen concentrische en radiale stads-
uitbreiding. Toen had hij deze les ook zelf in
de praktijk gebracht met zijn stedenbouwkundig plan voor Amsterdam. Het uitgestrekte Engelse suburbia uit het laatste
kwart van de negentiende eeuw was ook al
radiaal van aard, het volgde immers de
steeds langer wordende radiale lijnen van
het openbaar vervoer, maar deze karakteris-
tieke middenstandswijken met uitsluitend
eengezinswoningen hebben de avant-garde

in architectuur en stedenbouw natuurlijk
nooit kunnen bekoren.

Greenery reaching into the heart of the city.
Hygienic demands. Simple idea, considerable
conviction.

This comment makes Van Eesteren's
admiration clear. The two schemes by the
three German engineers do indeed explain an
exceptionally complex problem with striking
clarity. At Athens 1933, Van Eesteren once
again drew attention to the essential
difference between concentric and radial
urban expansion. By then he had already put
this lesson into practice himself in his urban
plan for Amsterdam. The creeping suburbia of
many large English cities in the last quarter of
the nineteenth century was radial in character,
following as it did the radially advancing lines
of the public transport system, but these
largely middle-class developments consisted
exclusively of single-family houses, which
held very little fascination for the avant-garde
in architecture and town planning.

Fritz Schumacher, uitbreidingsplan voor Keulen

Fritz Schumacher, expansion scheme for Cologne

Dezelfde gedachte toegepast, schematisch.

Het uitbreidingsplan voor Keulen van Fritz Schumacher heeft diepe indruk gemaakt op Van Eesteren bij zijn bezoek aan Keulen tijdens zijn Prix-de-Romereis. Dit ontwerp was toen inderdaad het meest geavanceerde in de geschiedenis van de stedenbouw.

The same idea put into practice, in diagram form.

The Cologne expansion plan by Fritz Schumacher made a profound impression on Van Eesteren when he visited the city during his Prix de Rome tour. At the time this design was indeed the most advanced in the history of town planning.

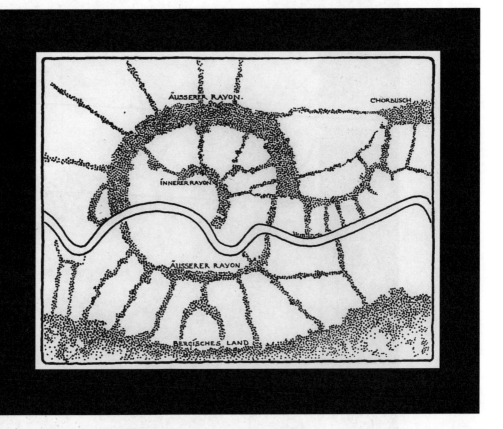

47

Fritz Schumacher, uitbreidingsplan voor Keulen

Fritz Schumacher, expansion scheme for Cologne

Het schema in kaart gebracht.

Schumacher had in Keulen de mogelijkheid om een stap verder te gaan dan Eberstadt, Möhring en Petersen. De schematische gedachte kon getransformeerd worden tot een concreet stadsplan. Later had Van Eesteren wel bedenkingen bij de wijze van detailleren van Schumacher, die inderdaad niet echt gesteld was op modernistische verkavelingsmethoden. Achteraf beschouwd kan de vraag gesteld worden of het even- wicht tussen traditie en hervorming waaraan Schumacher gestalte heeft gegeven niet een onovertroffen hoogtepunt is geweest in de Europese stedenbouw van de twintigste eeuw.

The scheme mapped out.

In Cologne, Schumacher was able to go a step further than Eberstadt, Möhring and Petersen. He could transform the schematic idea into a concrete city plan. Van Eesteren later had second thoughts about the way of detailing the plan adopted by Schumacher, who was indeed not particularly keen on modernist building layout methods. In retro- spect one might wonder whether the balance between tradition and reform achieved by Schumacher in this scheme was not an unsurpassed peak of twentieth-century European urbanism.

48

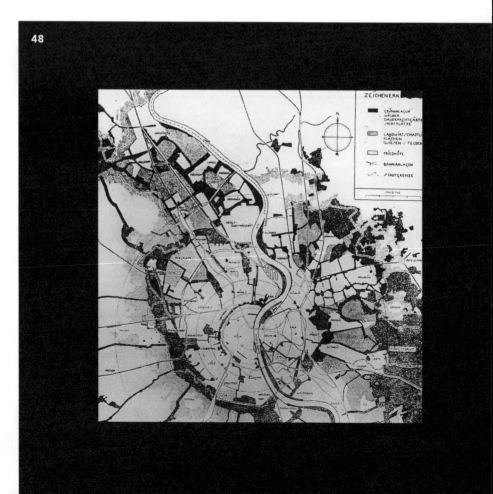

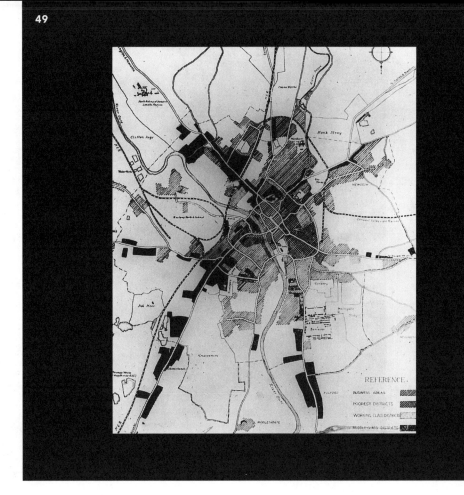

York, bevolkingssamenstelling der wijken

York, district demography

Vergelijkbaar voorbeeld. Onderzoek van woonwijken naar klasse.

Comparable example. Study of districts by social class.

Wat Van Eesteren hier precies bedoelt is niet helemaal helder. Het plan met recreatievoorzieningen voor Keulen is toch iets anders dan de inkomensverdeling in York. Vergelijkbaar zijn beide kaarten alleen in zeer abstracte zin, namelijk als een vorm van informatie over het stedelijk grondgebruik. Het is in theorie mogelijk om alle betekenislagen van het stedelijk leven afzonderlijk in kaart te brengen. De Afdeling Stadsontwikkeling in Amsterdam heeft dat ook wel geprobeerd. In 1928 was dergelijke informatie veelal helemaal niet voorhanden, en mogelijk bedoelt Van Eesteren dat kaartmateriaal als dit voorbeeld van essentieel belang is voor het streven om de stedenbouw een meer wetenschappelijk karakter te geven.

It is not quite clear what Van Eesteren meant here. The scheme for recreational facilities in Cologne is after all quite a different thing from income distribution in York. The two maps are comparable only in a very abstract sense, namely as a form of information about urban land use. It is possible in theory to depict every aspect of urban life in map form. The Amsterdam Urban Development Department did indeed make an attempt to do this. Such information was scarcely available at all in 1928, and perhaps Van Eesteren meant that such schematic material as this example was vital in the attempt to give town planning a more scientific character.

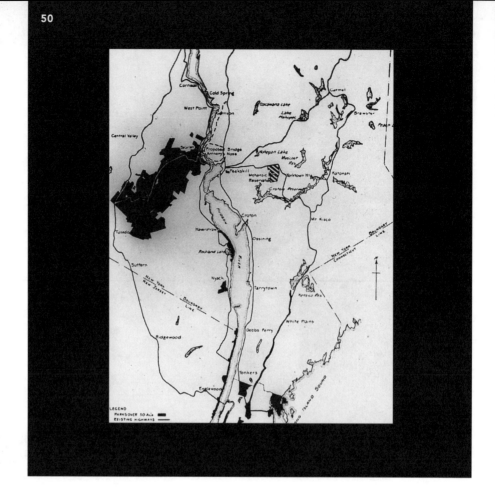

New York, overzicht van recreatie-gebieden
New York, overview of recreational areas

Overal wordt gewerkt. Recreatiegebieden in het dal van de Hudson.

Met deze wat cryptische notitie doelt Van Eesteren waarschijnlijk wederom op de vernieuwing van het vak stedenbouw. De 'mooie prentjes' uit de traditie van Camillo Sitte en H.P. Berlage moeten overal plaats maken voor kaartmateriaal dat werkelijk informatie verschaft over de aard en de situering van stedelijke functies. Er was inderdaad sprake van een ommekeer in het vak. Met name de reeks publicaties over New York uit de jaren twintig, met de over-koepelende titel *The Regional Survey of New York and its Environs* was een opmerkelijke prestatie op het gebied van stedenbouwkundig onderzoek.

People at work everywhere. Recreational areas in the Hudson valley.

Van Eesteren probably referred in this rather obscure note once again to renewal of the town planning profession. The 'pretty pictures' typical of the tradition of Camillo Sitte and H.P. Berlage had to be replaced by cartographic material that really conveyed information about the nature and situation of urban functions. A revolution was indeed beginning to take place in the profession. In particular, the series of reports on New York published in the twenties under the general title *The Regional Survey of New York and its Environs* was a notable achievement in the field of urban research.

51-59 **Decentralisatie**
Decentralization

Berlijn, 1926, mogelijke decentralisering
Berlin, 1926, possible decentralization

Berlin. Heiligenthal. Decentraliserings-
mogelijkheden.

In tegenstelling tot beide voorgaande
kaarten wordt hier een theoretische mogelijkheid verbeeld. Heiligenthal stelt voor
om niet alleen het wonen maar ook de
bedrijvigheid in Berlijn te decentraliseren.
Utopisch was dit overigens niet, want
het was deels al gebeurd. Zoals reeds
opgemerkt in het voorgaande was de rail-
infrastructuur daarbij van groot belang.
Heiligenthal projecteert een ring van
industrievestigingen rond het bestaande
Berlijn die sterk doet denken aan het
verschijnsel van 'Edge City' rond hedendaagse Amerikaanse steden.

Berlin. Heiligenthal. Possibilities for
decentralization.

In contrast to the two previous maps, this
slide illustrates a theoretical possibility.
Heiligenthal proposed decentralizing both the
residential and industrial areas of Berlin. This
can not be dismissed as a merely utopian
idea, since it had already taken place to
some extent. The rail infrastructure was of
considerable importance in this respect, as
already observed. Heiligenthal projected a
ring of industrial settlements around the
existing Berlin, a scheme strongly reminiscent
of the Edge City phenomenon occurring
around modern American cities.

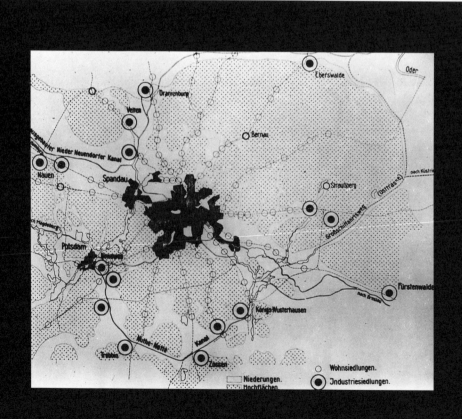

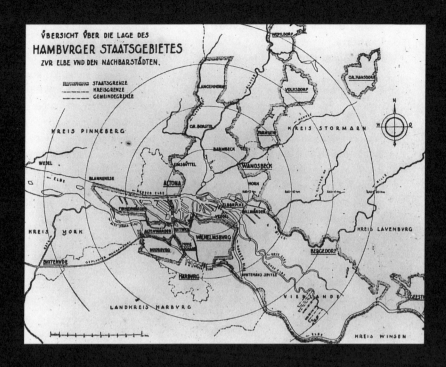

Hamburg
Hamburg

Hamburg. Een groot probleem dat vooral in Europa voorkomt, vormen de politieke grenzen rond steden die vaak uit een ver verleden dateren. Hamburg. Dal van de Elbe. Laaggelegen gebieden. Haven. Woningen aan beide zijden daarvan. Ontwikkeling niet goed mogelijk omdat de politieke grenzen niet samenvallen met de werkelijke grenzen van de stedelijke invloedssfeer.

Het probleem dat Van Eesteren hier aansnijdt, is ook in Nederland maar al te bekend en actueler dan ooit. Grote steden zitten gevangen in gemeentegrenzen die in feite reeds lang betekenisloos zijn geworden. De ernst van dit vraagstuk is al onderstreept in de Nota van toelichting bij het Algemeen Uitbreidingsplan van Amsterdam (1934). Sindsdien is er echter weinig veranderd, en van werkelijk 'wetenschappelijke stedenbouw' zal in ons land geen sprake zijn zolang onder elke dikke boom weer een ander dorpsbestuur zit.

Hamburg. A major problem that occurs mainly in Europe is formed by the political boundaries around cities that often date from a distant past. Hamburg. The Elbe Valley. Low-lying areas. Harbour. Housing on both sides of it. Further development is not really possible because the political boundaries do not correspond to the real boundaries of the urban sphere of influence.

The problem Van Eesteren broached here is all too familiar in the Netherlands and applies as much today as ever. Large cities are captive within municipal boundaries that have actually long lost their meaning. The seriousness of this issue was already stressed in the Explanatory Memorandum to General Extension Plan for Amsterdam (1934). Little has changed since then, and there is little chance of 'scientific planning' taking root in the Netherlands as long as a separate village council gathers under every spreading chestnut tree.

Walter Burley Griffin, plan voor Canberra

Walter Burley Griffin, plan for Canberra

Canberra, capital of Australia, a scientifically designed city of 1912.

Canberra, hoofdstad van Australië, een wetenschappelijk ontworpen stad uit 1912.

Waarschijnlijk bedoelt Van Eesteren dat Griffin, net als H.P. Berlage en Daniel Burnham, streefde naar een zo functioneel mogelijk stadsplan. Van werkelijk 'wetenschappelijke stedenbouw' was in feite nog geen sprake, omdat de gegevens daarvoor niet voorhanden waren, maar men streefde al wel naar een rationele ordening van diverse functies in de stad. De tragikomische geschiedenis van Canberra onderstreept nog eens hoe moeizaam dit alles in de praktijk ging.

Canberra, capital of Australia, a scientifically designed city of 1912.

Van Eesteren probably meant that Griffin, like H.P. Berlage and Daniel Burnham strove for the most functional possible city plan. 'Scientific' planning did not really exist because the data it needed was not yet available, but planners strove for a rational organization of various functions in the city. The tragicomic history of Canberra underlines how difficult this was in practice.

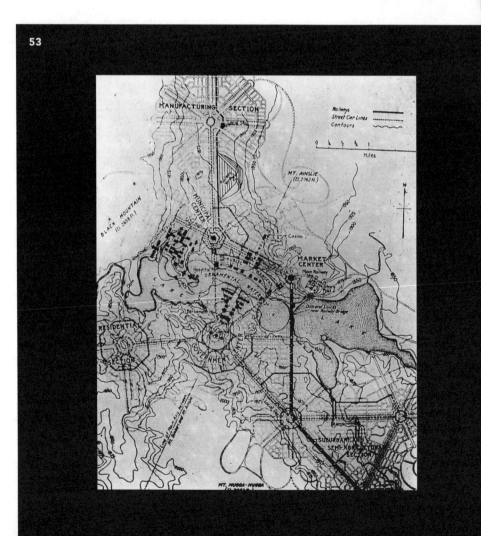

53

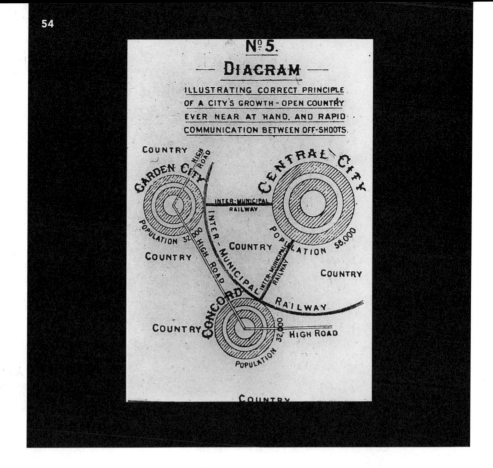

Ebenezer Howard, tuinstaddiagram nr. 5
Ebenezer Howard, garden city diagram no. 5

Poging om de groei der steden te begren-
zen en te decentraliseren.

Dit beroemde beeld uit Howards *Garden Cities of Tomorrow* behoefde in Berlijn geen toelichting. Hoewel Howards ideeën betrek- kelijk wereldvreemd waren, hebben ze zeer veel invloed gehad. Een vergelijking met de voorgaande dia leert dat ook Canberra is beïnvloed door dit schema. Verder kan Howard natuurlijk beschouwd worden als de geestelijke vader van de Europese tuinstad- beweging. In het pragmatische Nederland waren 'tuindorpen' gewoon aardige woon- wijkjes met sociale woningbouw in goed ontworpen rijtjes. Van Eesteren noemt alleen Vreewijk in Rotterdam, maar er waren talloze andere voorbeelden, waaronder natuurlijk Dudoks Hilversum. Dit laatste

voorbeeld getuigde overigens volgens Van Eesteren van een 'benepen burgerlijkheid'.

Attempt to limit the growth of cities and to decentralize them.

The well-known image from Howard's *Garden Cities of Tomorrow* needed no explanation in Berlin. Although Howard's ideas were rather unrealistic they had considerable influence. A comparison with the previous slide suggests that Canberra too was influenced by this diagram. Howard can in any case be regarded as the father of the European garden city movement. In pragmatic Holland, 'garden villages' were simply pleasant residential developments with social housing in well-designed rows. Van Eesteren mentions only Vreewijk in Rotterdam, but there were countless other instances, including of course Dudok's Hilversum. This latter example betrayed, in Van Eesteren's opinion, a 'petty bourgeois mentality'.

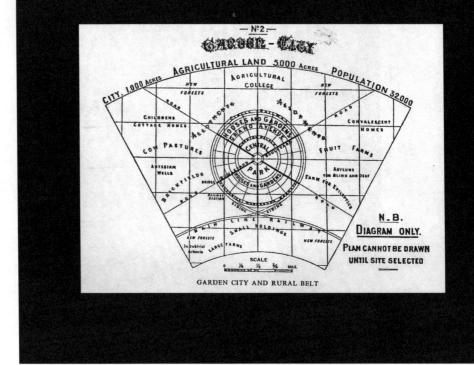

GARDEN CITY AND RURAL BELT

Ebenezer Howard, tuinstaddiagram nr. 2

Ebenezer Howard, garden city diagram no. 2

Engelse tuinstad. Bevolkingstal beperkt. Grond in eigendom van de gemeenschap. Kern omgeven door landbouwgebied dat nooit met woningen bebouwd mag worden.

De ontwikkeling van het landbouwgebied in Nederland gedurende de afgelopen veertig jaar geeft nog eens aan hoe moeilijk het is om voor stad en land een verstandig beleid te voeren. Destijds werd het landelijk gebied beschouwd als een natuurlijke buffer tussen stedelijke concentraties, en het was inderdaad een aardig cultuurlandschap met rijke flora en fauna. Inmiddels is dit paradijs herschapen in een ernstig vervuild agrarisch industriegebied. De achteloze wijze waarop het platteland aldus is overgeleverd aan een roofzuchtige vorm van exploitatie geeft wel aan hoe het in ons land gesteld is met de 'wetenschappelijke stedenbouw'.

English garden city. Limited population. Land publicly owned. Centre surrounded by agricultural area that will never be allowed to be developed for housing.

The development of agricultural areas of the Netherlands during the last forty years indicates how difficult it is to conduct a rational policy for town and country. Rural areas used to be regarded as a natural buffer between urban concentrations, and the landscape though largely man-made was blessed with a rich flora and fauna. This paradise has meanwhile degenerated into a seriously polluted agro-industrial zone. The thoughtless way the countryside has been sacrificed to predatory exploitation gives an idea of the condition of 'scientific planning' in the Netherlands.

Rotterdam, Vreewijk

Rotterdam, Vreewijk

Hollandse tuinstad. Weinig verschil met andere Nederlandse tuinsteden.

Dutch garden city. Much the same as any other Dutch garden city.

Van Eesteren was kritisch wat betreft de Nederlandse 'tuindorpen'. Met name het woord 'dorp' stoorde hem, want, zo redeneerde hij terecht, het zijn geen dorpen maar buitenwijken van een grote stad. Ontwerpers deden echter juist hun best om deze woonwijkjes een dorpse verschijningsvorm te geven. Het is, achteraf beschouwd, misschien wel een vergissing van Van Eesteren geweest om zo uitdrukkelijk – ook in de verschijningsvorm – te streven naar modernisering van de woonwijk. In de moderne stedenbouw gaat het immers niet om het verschil tussen een traditioneel pannendak en een plat dak. Het gaat om echte problemen, de samenhang van functies, infrastructuur, technische voorzieningen, enzovoort. Wonen heeft veel met menselijke illusies te maken, en de ontwerpers van de tuindorpen hadden dat goed begrepen.

Van Eesteren was critical of the 'garden villages' built in the Netherlands. He objected in particular to the word 'village', for, he correctly argued, they were not villages but suburbs of larger towns. The designers did their best however to give these developments a village-like atmosphere. In retrospect, Van Eesteren was perhaps mistaken to strive so explicitly for the modernization of residential developments, including their appearance. Modern town planning is not all that concerned about the difference between a traditional tiled roof and a flat roof. The real problems that face it are the coherence of functions, infrastructure, technical provisions etc. Housing design is closely bound up with human illusions, and the garden village designers knew it.

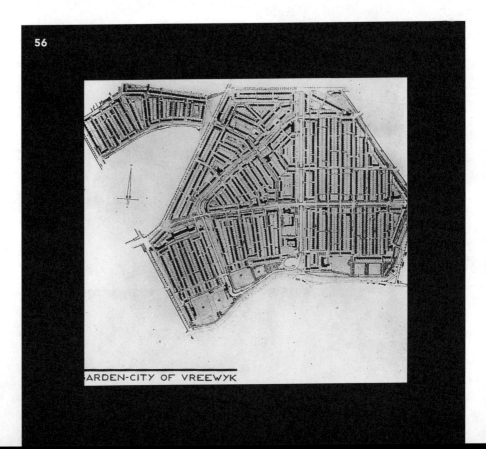

56

GARDEN-CITY OF VREEWYK

Hildesheim en Essen
Hildesheim and Essen

Waar de 'mooie' tuinstadgedachte toe
geleid heeft. Boven Hildesheim, onder
Margarethenhöhe Essen.

Dit contrast tussen een echt middeleeuws
marktplein en een namaak middeleeuws
straatje vraagt natuurlijk om modernistisch
commentaar. De 'Hollandse' huisjes in
Vreewijk doen Van Eesteren fronsen, maar
de uitdrukkelijk historiserende architectuur
van Margarethenhöhe vindt hij onaccep-
tabel. In 1929 karakteriseerde hij ook
Amsterdam Zuid als 'de leerschool der
leugen'. Theoretisch was dit oordeel
correct, maar architectuur is meer een
praktisch dan een theoretisch vak. Op dit
punt heeft de avant-garde zich vaak vergist.
Tijdens de jaren twintig was het woord
'Heemschutter' een scheldwoord in de kring
van Van Eesteren, maar hij is zelf oud
genoeg geworden om tot het inzicht te
komen dat Heemschutters en modernisten
de keerzijden van dezelfde medaille zijn.
Behoud en verandering zijn onverbrekelijk
met elkaar verbonden – wat dit betreft
waren negentiende-eeuwse architecten
veel verstandiger dan hun collega's in de
twintigste eeuw.

What the 'beautiful' garden city idea has led
to. Hildesheim above, Margarethenhöhe
Essen below.

This contrast between a genuinely medieval
market square and a neo-medieval street
naturally cries out for a modernist commentary.
Van Eesteren already frowned on the 'Old
Dutch' houses of Vreewijk, but the explicit
historicizing architecture of Margarethenhöhe
went altogether too far for him. In 1929 he
dismissed Amsterdam South too as 'the
school of lies'. This was justified in theory, but
architecture is more a practical craft than a
theoretical one. The avant garde were often
mistaken in this respect. The word
'Heemschutter' (literally, a member of the
Heemschut Society for protection of historic
buildings) was a term of abuse in Van
Eesteren's circles in the twenties, but he lived
long enough to learn that conservationists
and modernists are merely opposite sides of
the same coin. Conservation and change are
inseparable, and in this respect the architects
of the nineteenth century were much wiser
than their twentieth-century colleagues.

Léon Jaussely, uitbreidingsplan voor Parijs, 1919

Léon Jaussely, expansion plan for Paris, 1919

Om Parijs. Plan van Jaussely 1919.

Vanaf 1919 waren Franse steden wettelijk verplicht om een uitbreidingsplan te maken – tegelijkertijd werd ook een opleiding voor stedenbouwkundigen gecreëerd, de École des Hautes Études Urbaines. Parijs maakte van de gelegenheid gebruik om een prijsvraag uit te schrijven, die door Jaussely werd gewonnen. De dia die Van Eesteren toont geeft een zeer schematisch beeld van het niet uitgevoerde ontwerp. De zonering van het gebied rond de bestaande stad, met een ring van nieuwe nederzettingen is geïnspireerd door de richtlijnen van Ebenezer Howard.

Around Paris. The Jaussely Plan, 1919.

From 1919 onwards the cities of France had a legal obligation to prepare expansion plans. At the same time, a course of training for town planners was created, the École des Hautes Études Urbaines. Paris took the opportunity to organize a competition, which Jaussely won. The slide Van Eesteren showed gives only a very sketchy idea of his design, which was not executed. The zoning of the area around the existing city, with a ring of new developments, was inspired by the guidelines of Ebenezer Howard.

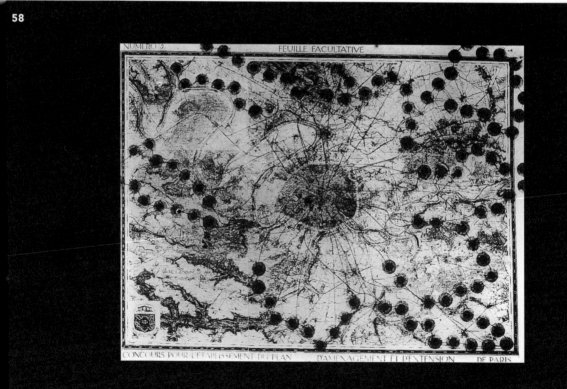

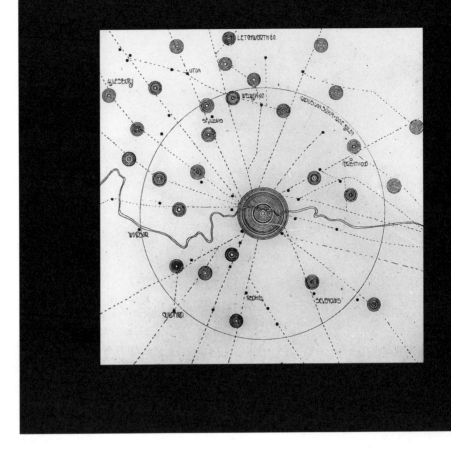

Londen, schema met satellietsteden
London, scheme with satellite towns

Om Londen, idee van de slaapstad, satelliet- of trabantenstad die is voortgekomen uit de tuinstadgedachte.

Het schema dat Van Eesteren hier toont heeft in 1944 definitief gestalte gekregen in het Greater London Plan van Patrick Abercrombie. Opmerkelijk is dat Van Eesteren het woord 'slaapstad' gebruikt. Het was zeker niet de bedoeling van de 'garden cities' dat het slaapsteden zouden worden, en dat geldt ook voor de naoorlogse 'new towns'.

Around London, the dormitory or satellite town concept which developed from the garden city.

The scheme Van Eesteren presents here eventually took the concrete form of the Greater London Plan by Patrick Abercrombie in 1944. It is notable that Van Eesteren uses the term 'dormitory' town. The garden cities were certainly not intended to function as dormitory suburbs, and the same was true of the post-war new towns.

60-77 Een stedelijk detail

Unter den Linden, Berlijn

An urban detail

Unter den Linden, Berlin

Johann Gregor Memhardt, plattegrond van Berlijn, 1652

Johann Gregor Memhardt, map of Berlin, 1652

Berlijn 1652. Kaart Memhardt.

Van Eesteren geeft met tien dia's een nogal uitvoerig beeld van de historische ontwikkeling van Unter den Linden. Het gaat hierbij om het oudere, monumentale deel van deze 'Prachtstraße'. Hier zijn een aantal gebouwen geconcentreerd die van belang zijn voor de geschiedenis van de stad. De bebouwing tussen de Friedrichstraße en de Pariser Platz komt niet ter sprake: dat is het deel van Unter den Linden waarvoor Van Eesteren een radicaal nieuwbouwplan heeft getekend.

Berlin 1652. Memhardt Map.

Van Eesteren shows ten slides to give a fairly detailed picture of the historical development of Unter den Linden. They related to the older, monumental part of this main shopping street, where there is a concentration of buildings that play an important part in the city's history. The buildings between Friedrichstraße and Pariser Platz are not mentioned: this was the section of Unter den Linden for which Van Eesteren drew his radical reconstruction plan.

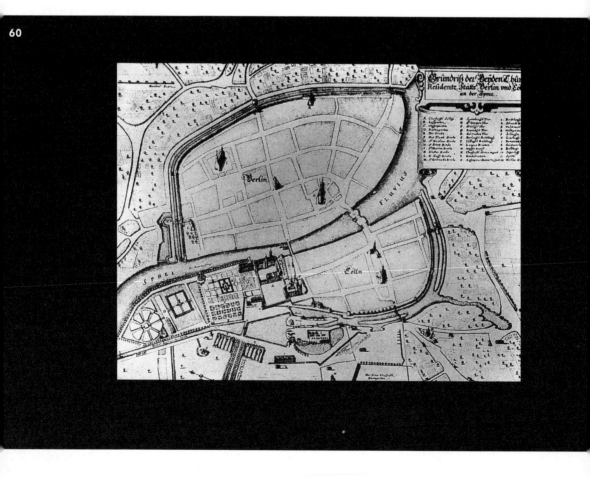

60

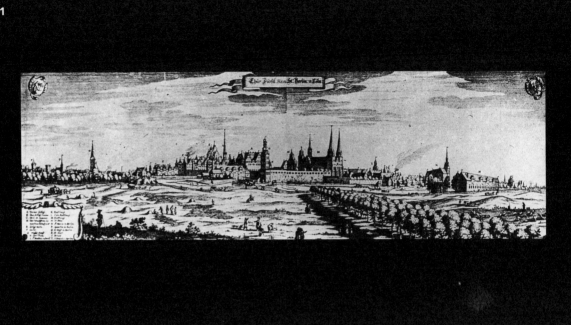

Caspar Merian, gezicht op Berlijn uit het westen, 1652

Caspar Merian, view of Berlin from the West, 1652

Linden 1652, uit Merians topografie.

Op deze topografisch tamelijk nauwkeurige weergave van Berlijn halverwege de zeventiende eeuw is Unter den Linden nog een laan van lindebomen buiten de stad. Alleen het meest oostelijke deel is zichtbaar. Mogelijk heeft Van Eesteren gewezen op het feit dat de situering van Unter den Linden aldus reeds lang was vastgelegd voordat er sprake was van bebouwing. Dergelijke sterk determinerende gegevens in de geschiedenis van het stedelijk bouwwerk fascineerden hem. Ook de studenten aan de Bauhochschule te Weimar liet hij veel historisch onderzoek doen voor de cursus stedenbouw.

Linden 1652, from Merian's topography.

On this topographically quite accurate representation of Berlin in the mid seventeenth century, Unter den Linden is still a lane of lime trees outside the city. Only the easternmost extremity is visible. Perhaps Van Eesteren was drawing attention to the fact that the location of Unter den Linden was established long before there were any buildings along it. He was fascinated by the idea that such features could have a determinative influence on the growth of the city through history. He also encouraged his students at the architectural school in Weimar to carry out historical research as an important part of the town planning course.

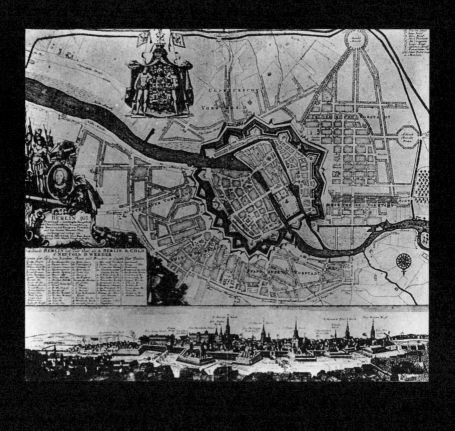

Matthäus Seutter, Berlijn omstreeks 1740

Matthäus Seutter, Berlin around 1740

Het beeld staat in feite op zijn kop.

Verkeerd georiënteerde plattegronden zijn voor Van Eesteren een levenslange ergernis geweest, vandaar zijn corrigerende opmerking. In de loop van de achttiende eeuw ontwikkelde Unter den Linden zich tot de voornaamste promenade van de stad, met als hoogtepunt de Opernplatz. De Koninklijke Opera werd in 1742 geopend als eerste onderdeel van een ambitieus cultureel bouwproject, het 'Forum Fridericianum'. Later werd ook de St. Hedwigs Kirche aan de Opernplatz voltooid, een gebouw waarvoor het Romeinse Pantheon model had gestaan.

Het Forum werd nog in dezelfde eeuw voltooid, met als resultaat een stedenbouwkundig monument van grote waarde.

The image is actually upside-down.

Incorrectly oriented maps were a life-long irritation to Van Eesteren; hence his reproving comment. In the course of the eighteenth century, Unter den Linden became the city's leading promenade with Opernplatz as its climax. The Royal Opera was opened in 1742 as the first part of an ambitious cultural building project, the 'Forum Fridericianum'. Later St. Hedwigs Kirche, a church modelled on the Roman Pantheon, was also completed on Opernplatz. The Forum was completed before the end of the century, resulting in a highly valued monument of city design.

Unter den Linden, perspectief

Unter den Linden, perspective

Linden als promenade. De lindebomen
domineren.

Links op de voorgrond staat de Opera, daar
tegenover, rechts, het Arsenaal, gebouwd
tussen 1695 en 1706.

Linden as promenade. The lime trees
dominate.

The Opera is in the left foreground and the
Arsenal, built between 1695 and 1706, faces
it on the right.

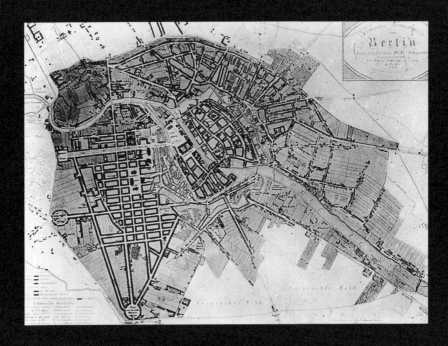

**Daniel Friedrich Sotzmann, platte-
grond van Berlijn, 1798**
Daniel Friedrich Sotzmann, map of Berlin,
1798

Unter den Linden is meer met de oude stad
vergroeid. Let op het bouwblok, nog niet
volgebouwd, zo moet het weer worden.

In grote lijnen is er nog niet zo heel veel
veranderd ten opzichte van de voorgaande
plattegrond, maar met de voltooiing in 1791
van de Brandenburger Tor – waarvoor de
toegangspoort van de Atheense Akropolis
als voorbeeld diende – is Unter den Linden
definitief een groots stedenbouwkundig
gegeven geworden. Van Eesteren wijst op
de onbebouwde binnenterreinen van de
bouwblokken langs Unter den Linden; deze
waren aan het eind van de negentiende
eeuw geheel volgebouwd.

Unter den Linden has fused further with the
old city. Note the perimeter block, not yet
filled up – that's how it should become again.

Broadly speaking, not much has changed in
relation to the previous plan, but completion
of the Brandenburger Tor – for which the
entrance porch of the Acropolis in Athens
served as a model – in 1791 finally transformed Unter der Linden into an imposing
urban feature. Van Eesteren draws attention
to the open squares inside the perimeter
blocks along Unter den Linden, which were
completely built up by the end of the nineteenth century.

Unter den Linden, perspectief

Unter den Linden, perspective

Berlijn 1842.

Op dit perspectief is wederom het Arsenaal
te zien, maar dan ongeveer vanuit een
diagonaal tegenovergesteld standpunt. In
de tussenliggende decennia is een laatste
juweel toegevoegd aan het monumentale
ensemble, namelijk de Neue Wache, van
Karl Friedrich Schinkel (1816-1818).

Berlin 1842.

The Arsenal is again visible on this perspective view, but now seen from a diagonally
roughly opposite position. A final jewel has
been added to the monumental ensemble
in the intervening decades, namely the
Neue Wache by Karl Friedrich Schinkel
(1816-1818).

65

Plattegrond uit Baedecker reisgids
Map from Baedecker travel guide

Linden 1921. Bouwblok vol gebouwd.

Nu toont Van Eesteren een actuele platte-
grond, die ook de ontwerpopgave laat zien.
De monumentale gebouwen zijn aange-
geven, en de kaart laat duidelijk zien dat
Unter den Linden een zeer dominante as
vormt in dit deel van Berlijn, met de
Brandenburger Tor aan de ene zijde, en het
Forum Fridericianum aan de andere zijde.

Linden 1921. Perimeter block filled in.

Van Eesteren now presents a contemporary
map on which the design task is also evident.
The monumental buildings are indicated and
the map clearly shows that Unter den Linden
constitutes a highly dominant axis in this part
of Berlin, with the Brandenburger Tor on one
side and the Forum Fridericianum on the
other.

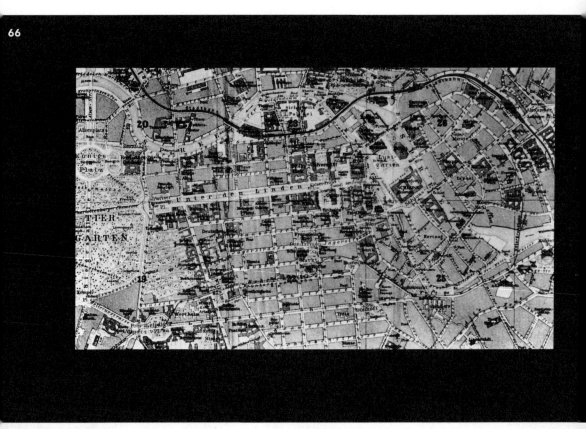

Berlijn, Altes Palais, 1834-1838
Berlin, Altes Palais, 1834-1838

Kaiser-Wilhelm-Palais met Alte Bibliothek.

Van Eesteren toont het Altes Palais omdat
hij de gevel aan de Unter den Linden
zijde in het kader van zijn Prix-de-Rome-
verplichtingen had opgemeten en in
tekening gebracht.

Kaiser-Wilhelm-Palais with Alte Bibliothek.

Van Eesteren shows a view of the Altes
Palais because he had measured and drawn
the façade on the Unter den Linden side in
connection with his Prix de Rome commitments.

C. Van Eesteren, noordgevel Altes Palais

C. Van Eesteren, north façade of Altes Palais

Palais Wilhelm I. Carl Ferdinant Langhans 1834-1837, tekening C.v.E.

Van Eesteren had tijdens zijn opleiding nog ouderwets degelijk leren tekenen, uiteraard met haak en gradenboog. In zijn jonge jaren heeft hij eens een prijs gewonnen voor een fraai geaquarelleerde pakhuisgevel in een soort Amsterdamse-Schoolstijl. Uit het dagboek dat hij bijhield tijdens zijn Prix-de-Romereis blijkt dat hij graag tekende, maar de schetsen die hij tijdens deze reis heeft gemaakt, laten zien dat het priegelwerk van deze geveltekening in zijn ogen toch tamelijk oninteressant was.

Palais Wilhelm I, Carl Ferdinant Langhans 1834-1837. Drawing by C.v.E.

Van Eesteren had learned the old-fashioned craft of drawing – using a set-square and protractor, of course – as part of his training. In his schooldays he once won a prize for a fine aquarelle of a gabled warehouse in a kind of Amsterdam School style. The journal he maintained during his Prix de Rome journey reveals that he was fond of drawing, but the sketches he drew on this tour indicate that he found the elaborate detailing of this façade relatively uninteresting to draw.

Unter den Linden, luchtfoto
Unter den Linden, aerial photograph

Unter den Linden 1920.

Deze luchtfoto geeft een goed beeld van
het westelijk deel van Unter den Linden.
Op de voorgrond de Brandenburger Tor
met de Pariser Platz, daarachter het deel
dat in het ontwerp van Van Eesteren plaats
moet maken voor nieuwbouw. Geheel op
de achtergrond het monumentale Forum
Fridericianum.

Unter den Linden 1920.

This aerial view gives a good picture of the
western part of Unter den Linden. The
Brandenburger Tor and Pariser Platz can be
seen in the foreground, with behind them the
section to be replaced by new building in Van
Eesteren's design. The monumental Forum
Fridericianum appears in the distance.

Unter den Linden en Opernplatz
Unter den Linden and Opernplatz

Berlijn, rond de Opera, 1914.

Het Forum Fridericianum vanuit de lucht
gezien. Links op de voorgrond de
Universiteit (1748-1753, 1913-1920), aan
de overzijde van Unter den Linden rechts
het Altes Palais, daarachter de Alte
Bibliothek, links de Opera, daarachter de
St. Hedwigs Kirche.

Berlin, area around the Opera, 1914.

The Forum Fridericianum seen from the air.
Left in the foreground, the University
(1748-1753, 1913-1920), across Unter den
Linden right the Altes Palais, behind it the
Alte Bibliothek, left the Opera and behind it
St. Hedwigs Kirche.

C. van Eesteren, prijsvraagontwerp, motto 'Gleichgewicht'
C. van Eesteren, competition design, motto 'Gleichgewicht'

Mijn voorstel voor Unter den Linden.

De originele tekeningen van de prijsvraag-inzending zijn bij de bombardementen van Berlijn in vlammen opgegaan. Wat resteert zijn zwart-wit reproducties. In de platte-grond is het radicale karakter van het ontwerp niet direct duidelijk. Wel is goed te zien dat het Forum Fridericianum, ten oosten van de Friedrichstraße, geheel gespaard blijft. Grootschalige nieuwbouw is gesitueerd aan de westzijde van de Friedrichstraße.

My proposal for Unter den Linden.

The original drawings submitted for the competition were lost to the flames during the bombardment of Berlin. All that remains are monochrome reproductions. The ground plan does not immediately reveal the radical character of the design. It can however be seen that the Forum Fridericianum, to the east of Friedrichstraße, was not to be touched. All large-scale new building was to take place on the west of Friedrichstraße.

71

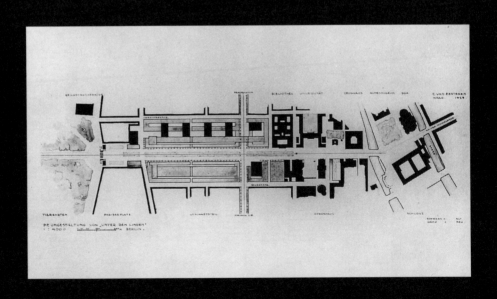

C. van Eesteren, prijsvraagontwerp, motto 'Gleichgewicht'

C. van Eesteren, competition design, motto 'Gleichgewicht'

Doorsnede.

In de doorsnede ligt de sleutel tot een goed begrip van het ontwerp. Geheel volgens de klassieke wetten van de stedenbouw draait alles om de verhoudingen in het stadsbeeld. De hoogte van de Brandenburger Tor is daarbij de module, deze harmonieert met de schaal van de gebouwen op het Forum Fridericianum. Het beeld dat de wandelende stedeling op het maaiveld ziet wordt bepaald door deze module. De hoogste toren, op de hoek van de Friedrichstraße en Unter den Linden, markeert de grens tussen de nieuwbouw en het monumentale deel van de oude 'Prachtstraße'.

Cross-section.

The cross-section provides the key to understanding the design. Entirely in accordance with the classical laws of town planning, everything revolves around relations of scale in the cityscape. The height of the Brandenburger Tor is taken as the module, and this harmonizes with the scale of the buildings on the Forum Fridericianum. The image the pedestrian sees from ground level is determined by this module. The tallest tower, on the corner of Friedrichstraße and Unter den Linden, marks the boundary between the new section and the monumental historic part of Unter den Linden.

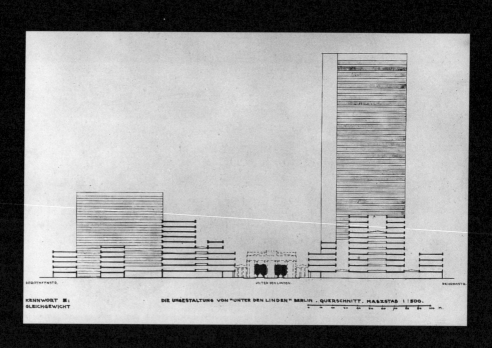

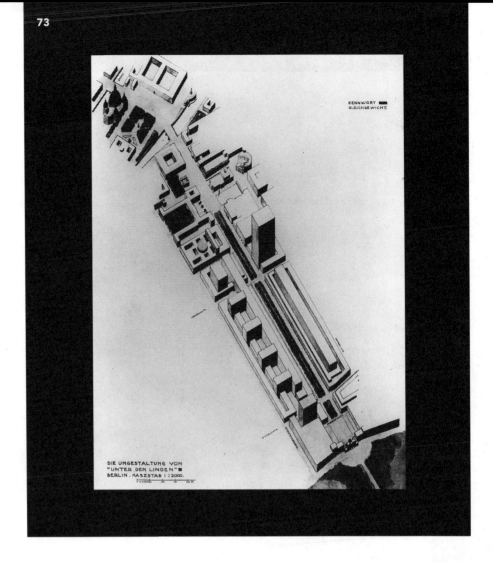

DIE UMGESTALTUNG VON
"UNTER DEN LINDEN"
BERLIN . MASZSTAB I : 12000.

KENNWORT
GLEICHGEWICHT

**C. van Eesteren, prijsvraagontwerp,
motto 'Gleichgewicht'**
C. van Eesteren, competition design, motto
'Gleichgewicht'

Vogelperspectief.

Dit axonometrische perspectief laat goed
zien dat het plan eigenlijk in twee verschillende schalen is ontworpen. De module-
maat van de Brandenburger Tor bepaalt de
schaal van de straatruimte, maar de hoogbouw heeft een eigen schaal. Deze hoog-
bouwruimte wordt bepaald door de toren
aan de Pariser Platz en de toren op de hoek
van de Friedrichstraße. De enorme maat van
de twee bouwblokken tussen deze twee
torens wordt geleed door de vier lagere

torens aan de noordzijde van Unter den
Linden.

Bird's eye view.

This axonometric perspective shows clearly
that the scheme has actually been designed
on two different scales. The module size of
the Brandenburger Tor determines the scale
of the street space, but the high-rise
buildings have a scale of their own. This
high-rise space is determined by the tower
on Pariser Platz and the tower at the corner
of Friedrichstraße. The enormous dimensions
of the two blocks of building between these
towers is articulated by the four lower towers
on the north side of Unter den Linden.

FRIEDRICHSTRASSE.

C. van Eesteren, perspectief Unter den Linden
C. van Eesteren, perspective of Unter den Linden

Vogelperspectief.

Deze perspectieftekening is gemaakt na afloop van de prijsvraag. De vraag was of de toren op de hoek van de Friedrichstraße nu wel of niet in de rooilijn moest staan. Van Eesteren zelf meende stellig van wel, en om zijn gelijk te demonstreren maakte hij deze tekening. Het beeld laat duidelijk zien dat de toren, gesitueerd in de rooilijn, een zeer dominant gegeven vormt. Dat is ook de bedoeling. Het gaat immers om een even-wicht van contrasten, motto 'Gleichgewicht', tussen het nieuwe deel van Unter den Linden en het Forum Fridericianum – dit mag niet verdoezeld worden door de toren terug te plaatsen. Verder geeft de toren in de rooilijn ook meer spanning aan het spel van horizontale en verticale lijnen in het nieuwe deel.

Bird's eye view.

This perspective drawing was made after the competition finished. The question was whether or not the tower at the corner of Friedrichstraße should conform to the building line. Van Eesteren was convinced that it should, and he made this drawing to prove his point. It makes it abundantly clear that the tower, when situated on the building line, forms a dominating feature. And that was the intention. It was after all a matter of balanced contrasts – the motto 'Gleichgewicht' – between the new part of Unter den Linden and the Forum Fridericianum. This must not be obscured by setting the tower back. Moreover, when positioned on the building line, the tower would contribute strongly to the composition of horizontals and verticals in the new section.

Staalskeletbouw in Amerika,
foto K. Lønberg Holm
Steel frame construction in America,
photo by K. Lønberg Holm

Hoe hoogbouw geconstrueerd wordt.
Hierop is het plan gebaseerd.

Van Eesteren geeft hier niet alleen een
indicatie voor de uitvoering van zijn ontwerp
maar onderstreept tevens nog eens de
noodzaak om in de stedenbouw de nieuw-
ste technische mogelijkheden op de voet te
volgen. Bij een andere gelegenheid, een
jaar eerder in Rotterdam, noteerde hij bij
deze dia het volgende. 'Detroit, Hotel
Book-Cadillac in aanbouw. Als voorbeeld
om u te doen zien welke de elementen zijn
waarmee de urbanist voor de toekomst
moet werken, en die hij geheel in zich moet

hebben opgenomen, die hij moet kennen als
een schilder de verf en de ingenieur zijn
materialen.'

How tall buildings are constructed. The
scheme is based on this.

Van Eesteren is not only giving an indication
for the building of his design here, but is also
stressing the importance in town planning of
closely following the latest technical developments. On another occasion, in Rotterdam a
year previously, he had noted the following
in relation to this slide. 'Detroit, Hotel
Book-Cadillac, under construction. An
example to show you what elements the
urbanist of the future must work with, with
which he must thoroughly acquaint himself
and which he must know as a painter knows
his paint and an engineer his materials.'

Zoning in New York, foto K. Lønberg Holm
Zoning in New York, photo by K. Lønberg Holm

Dito.

Ook voor dit Amerikaanse idee maakte Van Eesteren in 1927 een wat uitvoeriger notitie: 'Voorbeeld van teruggeplaatste wolkenkrabbers. Bewijs voor hun doelmatigheid en bruikbaarheid. Op deze manier wordt de stad werkelijk 3 dimensionaal en kan de architectuur ook op een ander niveau komen. Middel om doorbraken praktisch (financieel) en esthetisch te beheersen.'

Ditto.

Van Eesteren had also made a more detailed note about this American idea in 1927. 'Example of set-back skyscrapers. Proof of their efficacy and usability. In this way the city becomes really three-dimensional and the architecture too can reach a new level. Means of mastering clearances practically (financially) and aesthetically.'

77
Dia onbekend
Slide unknown

Toekomstbeeld.

Het kan zijn dat Van Eesteren hierbij zijn tekening van de zakenwijk in een heden-daagse stad toonde (omslag, afb. 5). Per slot van rekening was dat de conclusie waartoe hij naar aanleiding van Unter den Linden en het verkeer in Parijs was geko-men. Het bijschrift bij de reproductie van deze tekening in het jubileumnummer van *De Stijl* (1927) spreekt echter uitdrukkelijk van een 'denk-beeld', en dat is niet exact hetzelfde als een 'toekomstbeeld'.

Future-image.

Possibly Van Eesteren displayed his drawing of the business district in a contemporary city here (cover, fig. 5). This represented after all the conclusion he had arrived at after Unter den Linden and the traffic scheme for Paris. The caption to the reproduction of this drawing in the jubilee issue of *De Stijl* (1927) explicitly refers to a 'concept', which is not quite the same thing as a 'future-image'.

78-94 **Regionale plannen**
Regional planning

Overschie
Overschie

<u>Overschie. De noodzaak van het plan.</u>

Ook voor deze dia had Van Eesteren in 1927 voor de leden van de Rotterdamse architectenvereniging Opbouw een uitvoerige notitie gemaakt. Het zinnetje dat hij voor Berlijn noteerde, geeft echter nieuwe scherpte aan de gedachte. De tekst uit 1927 luidt als volgt. 'Voorbeeld van een organisch gegroeid dorp op de kruising van twee landstraten, organische aanzetting van wooncellen, welke niet boven haar natuurlijke grens gegaan is. Voorbeeld van een cultuurlandschap. Het aardoppervlak is hier geheel door de mens gevormd, echter zonder een bepaalde vooropgezette bedoeling, omdat daaraan nog geen behoefte bestond. De schaal was te klein, de opeengehoopte energie te gering.' De 'opeengehoopte energie' in de moderne wereld is echter onvoorstelbaar groot, het intuïtieve geluk van Overschie behoort voorgoed tot het verleden, en dus: 'de noodzaak van het plan'.

<u>Overschie. The necessity of the plan.</u>

Van Eesteren accompanied this slide, too, by a detailed commentary in connection with his 1927 lecture to the Rotterdam architects association Opbouw. The brief note he makes for Berlin does however give an added edge to the idea. The 1927 text reads as follows. 'Example of an organically developed village at the intersection of two rural roads, organic accretion of dwelling units that has not yet exceeded its natural limitations. Example of a man-made landscape. The surface of the earth has been entirely shaped by man, although without a premeditated aim, because the need for it did not yet exist. The scale was too small and the accumulated energy was too low.' The 'accumulated energy' in the modern world was however incredibly large and the intuitive happiness of Overschie belonged irrevocably to the past. Hence 'the necessity of the plan'.

Caspar David Friedrich, gezicht op Greifswald
Caspar David Friedrich, prospect of Greifswald

Het beeld van een stad was overzichtelijk.

Dit beeld en het volgende vormen weer een perfect contrast, mede omdat het schilderij van Friedrich doelbewust een romantische sfeer oproept. Toch was het ook in werkelijkheid zo dat steden een overzichtelijk afgerond geheel vormden in de tijd dat elk product nog ambachtelijk werd vervaardigd. Tot 1850 was het mogelijk om in de voetsporen van Rembrandt een ommetje rond Amsterdam te maken.

It used to be possible to take a city in visually.

This image and the next one again form an exact contrast, in part because Friedrich's painting is consciously included for its romantic impact. All the same, it was true that in the time when every product was a work of craftsmanship, cities used to be well-defined entities that could be grasped as such. Until 1850, it was still possible to walk around Amsterdam following in the footsteps of Rembrandt.

80

Saarbrücken, staalindustrie
Saarbrücken, steel works

Saarbrücken. Een nieuw element in het
landschap. Wetenschappelijke stedenbouw.
Vier belangrijke elementen zijn waterwegen,
landwegen, spoorwegen en industrie.

De industrialisering van het productieproces
heeft de wereld een ander aanzien gegeven,
met name natuurlijk in de Engelse Midlands
en in het Duitse Ruhrgebied, maar ook
Amsterdam was aan het begin van de twintigste eeuw een stad vol grote fabrieken en
scheepswerven. Dat alles was op volstrekt
ordeloze wijze ontstaan, en het argument
van Van Eesteren dat juist deze ontwikkelingen de ontwikkeling van 'wetenschappelijke
stedenbouw' noodzakelijk maakten, was
absoluut correct.

Saarbrücken. A new element in the landscape. Scientific planning. Four important
elements are waterways, roads, railways and
industry.

The industrialization of the production
process gave the world a new countenance,
especially in the English Midlands and the
Ruhr area of Germany, although Amsterdam
too was a city with plenty of large factories
and shipyards at the start of the twentieth
century. All this came about in a completely
disordered manner, and Van Eesteren's
argument that it made the development of
'scientific planning' necessary was absolutely
correct.

81

Dia onbekend
Slide unknown

Wat daaruit is voortgekomen: de
Siedlungsverband Ruhrkohlenbezirk.

Het is duidelijk dat Van Eesteren hier een
of ander beeld laat zien van het regionale
samenwerkingsverband van gemeenten in
het Ruhrgebied, gevormd in 1920. De
betreffende dia is vermoedelijk in de loop
der jaren zoekgeraakt. Het streven om op
regionale schaal enige stedenbouwkundige
orde te scheppen werd in Duitsland aangeduid met de term 'Landesplanung', in
Engeland sprak men van 'regional planning'.
Het 'Doncaster Regional Planning Scheme'
was in 1922 het eerste succes op dit
gebied. Het streven om ook in Nederland
iets dergelijks te doen met regionale plannen is nooit van de grond gekomen.

The result: the Siedlungsverband
Ruhrkohlenbezirk.

Plainly Van Eesteren showed some or other
illustration of the Siedlungsverband
Ruhrkohlenbezirk here, a cooperative
organization of municipalities in the Ruhr
region formed in 1920. The slide concerned
has probably been lost. The endeavour to
create urban order at a regional scale was
known as 'Landesplanung' in Germany and
'regional planning' in Britain. The Doncaster
Regional Planning Scheme of 1922 was the
first success in this area. Attempts to achieve
something similar in the Netherlands have
never got off the ground.

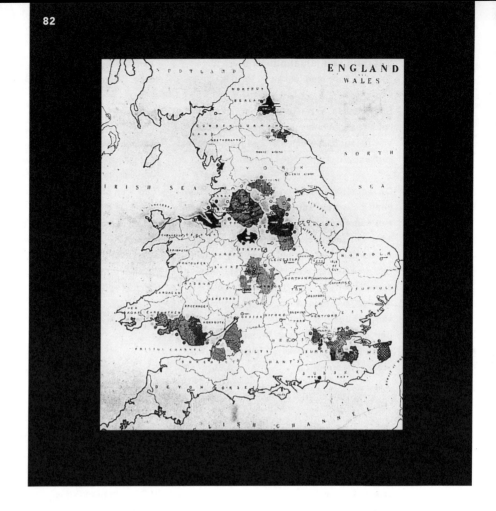

Regionale plannen in Engeland, 1925
Regional planning in Britain, 1925

Gebieden waarvoor regionale plannen
voltooid of in voorbereiding zijn.
Industriegebieden.

In Engeland werd hard gewerkt aan de
regionale plannen. In 1931, na tien jaar, was
voor ongeveer een-derde van het land een
regionaal plan gemaakt. Met name de planning van 'Greater London' werd in dit kader
zeer urgent geacht. Dit enorme stedelijke
bouwwerk, veruit het grootste in Europa,
breidde zich nog altijd uit als een olievlek
over het omringende land. Inmiddels is
Londen ongeveer zo groot als heel Zuid-
Engeland: een schoolvoorbeeld van klaarblijkelijk oncontroleerbare suburbanisering.

Areas for which regional plans have been
completed or are in preparation. Industrial
areas.

Much regional planning work was going on
in Britain. By 1931, ten years from the start,
roughly one third of England was covered by
the regional plans. The planning of Greater
London was considered particularly urgent.
This immense built-up area, by far the largest
in Europe, continued expanding over the
surrounding countryside like an oil-slick.
London is nowadays roughly equal to the
whole of South-East England: a classic
example of suburbanization evidently out of
control.

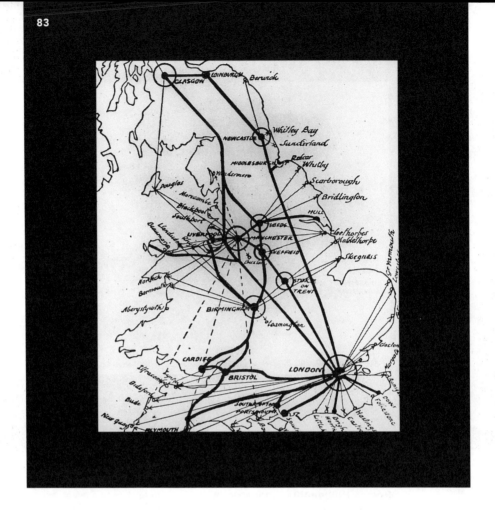

Engeland, verbindingen tussen steden
England, links between cities

Naar een nationaal plan. Verkeer.

Lange tijd was Engeland het meest geauto-
mobiliseerde land van Europa, alleen in
New York en in Californië was het autobezit
nog groter. Vooral tijdens de jaren twintig
groeide het Engelse autopark sterk. In
stedenbouwkundige kring werd deze ontwikkeling wel gesignaleerd, maar het is
nooit gelukt om stedenbouw en wegenbouw
te integreren. In Nederland is het natuurlijk
niet anders, er is een ministerie voor het
verkeer, en er is een ander ministerie voor
de ruimtelijke ordening, alsof die twee zaken
niet een onverbrekelijke eenheid
vormen.

Towards a national plan. Traffic.

For a long time the England had the highest
level of car ownership in Europe; only
New York and California had more. The use
of motor vehicles in Britain expanded
enormously, particularly during the twenties.
These developments were duly noted in town
planning circles, but town planning and road
building were never successfully integrated.
The situation in the Netherlands is no
different of course; there is one ministry
for transport and a separate one for environ-
mental planning, as though the two spheres
of activity were not inseparably interwoven.

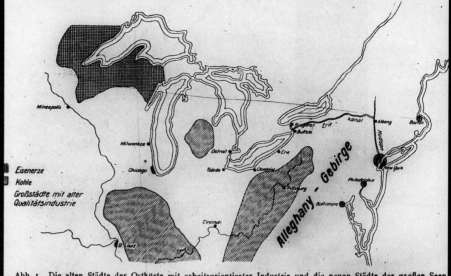

Abb. 1. Die alten Städte der Ostküste mit arbeitsorientierter Industrie und die neuen Städte der großen Seen

Eisenerze
Kohle
Großstädte mit alter
Qualitätsindustrie

Roman Heiligenthal, industrie in Noord-Amerika

Roman Heiligenthal, industry in North America

In relatie tot bodemschatten. Allemaal logische zaken. Er moet echter een eenheid van gemaakt worden om het te kunnen benutten.

Heiligenthal wijst op de verschillen tussen de industrie aan de oostkust, georiënteerd op arbeid, en de industrie bij de grote meren die op grondstoffen georiënteerd is, de tegenwoordige 'rust belt'. Het lijkt alsof Van Eesteren hier toch een wat utopisch venster opent. Lage prijzen en harde concurrentie op de wereldmarkt hebben de kolen- en staalindustrie in Europa en in Noord-Amerika ten onder doen gaan. Dit is geen stedenbouwkundig maar een economisch probleem.

In relation to mineral resources. All perfectly logical. However, things have to be unified to exploit them.

Heiligenthal noted the difference between the labour-intensive industry of the East Coast and the minerals-based industry around the Great Lakes, now known as the Rust Belt. Van Eesteren seems to open a somewhat utopian window here. Low prices and stern competition on world markets have been the downfall of the coal and steel industries of Europe and America. This is a matter of economic rather than urban planning.

Amerika, theoretisch verkeersplan
America, theoretical traffic scheme

<u>Theoretisch beeld nationaal plan. Verkeer.</u>

In 1956 heeft het Amerikaanse Congres de 'Interstate Highway Act' goedgekeurd, met als gevolg een netwerk van nieuwe auto-snelwegen, 40.000 mijl lang. Omdat dergelijke snelwegen doorgaans ophouden bij een ringweg rond een minder goed toe-gankelijk centrum, is gaandeweg een totaal nieuw type stad ontstaan – de nederzetting aan de snelweg, of 'Edge City'. Dit was natuurlijk niet de bedoeling, maar mobiliteit betekent in de praktijk nu eenmaal altijd decentralisering.

<u>Theoretical picture of national scheme. Traffic.</u>

The United States Congress passed the Interstate Highway Act in 1956, leading to the construction of a network of some 40,000 miles of highway. Since main traffic routes of this kind usually terminate at a ring road around a less accessible centre, an entirely new type of town arose – settlements along the highways known collectively as 'Edge City'. This was not intentional of course, but in practice mobility invariably leads to decentralization.

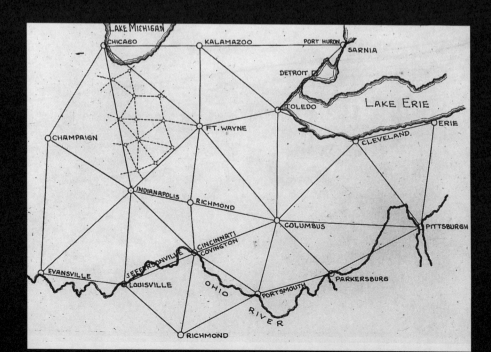

Abel Giemer, lente
Abel Giemer, Spring

De kunst om het landschap te beheersen.

Van Eesteren besluit zijn lezing met een
reeks dia's die betrekking hebben op de
inrichting van het cultuurlandschap. Met
name in Engeland was dit een belangrijk
aspect van de regionale planning, omdat
men zich ernstige zorgen maakte over het
verdwijnen van oude cultuurlandschappen.
Voor Van Eesteren ging het om het gegeven
dat mensen zich overal en in alle tijden
hebben bezig gehouden met ingrepen en
veranderingen in het landschap.

The art of managing the landscape.

Van Eesteren concludes his lecture with a
series of slides relating to designing the
man-made landscape. This aspect of regional
planning had a relatively high priority in
England where there was considerable
concern about the disappearance of ancient
man-made landscapes. Van Eesteren's point
is that people all over the world have been
active in shaping and changing the landscape, since time immemorial.

86

Oosters parklandschap
Oriental park landscape

Islamitische landschapsarchitectuur.

Door een aantal zeer verschillende landschappen te tonen, wil Van Eesteren waarschijnlijk nog eens onderstrepen dat het
landschap altijd een cultureel gegeven is,
net als de stad, dat bepaald wordt door
omstandigheden en opvattingen.

Islamic landscape architecture.

By displaying a series of widely differing
landscapes, Van Eesteren probably wished to
re-emphasize that the countryside, like the
city, has always been a product of culture,
determined by the circumstances and beliefs
of the era.

88
Dia onbekend
Slide unknown

Moderne landschapsarchitectuur.

De omschrijving maakt het onmogelijk om te bepalen welke dia het moet zijn. Het zou passend zijn om de Zuidelijke IJsselmeer-polders af te beelden, maar in 1928 was zelfs de Afsluitdijk nog niet gereed. Een bron van inspiratie voor de inrichting van die polders was de grootschaligheid van het Amerikaanse cultuurlandschap, en het is mogelijk dat Van Eesteren in Berlijn iets dergelijks heeft getoond.

Modern landscape architecture.

The description makes it impossible to tell which slide was intended here. A view of the Southern IJsselmeer Polders would not have been inappropriate, but these were still being drained in 1928 (the Afsluitdijk had not yet even been closed). The immensity of the North American Great Plains was a source of inspiration for the landscaping of these polders, so it is possible that Van Eesteren displayed something of the kind in Berlin.

89
Kinderdijk, poldermolens en boezem-water
Kinderdijk, pumping windmills and land drainage canals

Hollandse landschapsarchitectuur, techni-sche voorzieningen.

Van Eesteren, geboren en getogen in Alblasserdam, is hier dicht bij huis. Dit voor-beeld van Hollandse landinrichting zou hij zijn leven lang blijven gebruiken als het te pas kwam. Het Nederlandse polderland is natuurlijk ook een uniek cultuurlandschap. De Duitse architectuurcriticus Karl Scheffler heeft een lyrisch boek geschreven, getiteld *Holland* (Leipzig 1930), waarin op buiten-gewoon heldere wijze wordt uitgelegd dat Holland het enige land in de wereld is waar stad en land een volmaakte eenheid vormen.

Dutch landscape architecture, technical measures.

Van Eesteren, born and bred in nearby Alblasserdam, was on home ground here. He made life-long use of this example of Dutch landscape engineering when it suited his arguments. The Dutch polder lands are indeed a unique man-made landscape. The German architectural author and critic Karl Scheffler wrote a lyrical book titled *Holland* (Leipzig 1930), which argues particularly convincingly that Holland is the only country in the world where town and country form such a perfect unity.

90
Duitsland, stuw in de Inn
Germany, dam on the River Inn

Mooie hedendaagse technische voor-zieningen.

Van Eesteren kan het niet laten om nog maar eens te betogen dat niet alleen oude windmolens en boezemwateren, maar ook moderne waterwerken mooi zijn.

Beautiful contemporary engineering work.

Van Eesteren cannot resist stressing once again that not only ancient windmills and rustic waterways are beautiful, but modern hydraulic works can be too.

Engeland, de 'Great West Road'
England, the Great West Road

Engeland, autoweg. Daarbij mag geen
toeval bestaan, dus: regionale plannen.

Dit beeld laat wel op heel treffende wijze
zien dat wegenbouwers niet altijd de meest
gelukkige oplossing kiezen. Verder is het
inderdaad zo dat de aanleg van moderne
infrastructuur waarschijnlijk het lastigste
stedenbouwkundige probleem is dat men
zich denken kan.

England, main road. Nothing left to chance.
Hence, regional planning.

This image shows strikingly well that road
builders do not always find the best solutions.
It is moreover true that the construction of a
modern infrastructure is one of the most
recalcitrant of planning problems.

Den Haag, de Zeestraat
The Hague, Zeestraat

Oude straat naar Scheveningen.

Ook deze aanslag op het Nederlandse duin-
landschap verdient geen schoonheidsprijs,
maar het toenmalige rationalisme had nog
een ontwapenende charme, en dat kan
moeilijk gezegd worden van de roofzuchtige
expansiedrang die eigen is aan hedendaagse infrastructurele werken.

Old road to Scheveningen

This assault on the landscape of sand dunes
parallel to the Dutch coast earns no prizes
for attractiveness, but the rationalism then
prevalent still had a certain naïve charm
– something that can hardly be said of the
voracious land hunger that characterizes
contemporary infrastructural works.

Duitsland, ongelijkvloerse kruising van autowegen

Germany, multi-level road intersection

Kruising. Autowegen.

Dit beeld behoort eigenlijk bij het prijsvraag-ontwerp 'Continuité' (dia 32-38).
Van Eesteren en Pineau hebben geprobeerd om met dit voorbeeld een oplossing te vin-den voor de ongelijkvloerse kruisingen van hun 'boulevards van de twintigste eeuw' door Parijs. Destijds was deze maquette een wonder van geavanceerde wegenbouw. Tegenwoordig is waarschijnlijk de kruising van de Santa Monica en de Harbor Freeways in Los Angeles het meest specta-culaire voorbeeld van infrastructuur voor de automobiliteit, maar ook het recent alweer vernieuwde verkeersknooppunt Oudenrijn bij Utrecht mag er zijn. De ontwikkeling in de stedenbouw staat bepaald niet stil.

Crossing. Autobahns.

This image actually forms part of the 'Continuité' competition design (slides 32-38). Van Eesteren and Pineau offered this example as an attempted solution for the multi-level intersections of their 'boulevards of the twentieth century' through Paris. At the time, this scale model represented a marvel of advanced highway engineering. The most spectacular present-day example of infra-structure for vehicle traffic is probably the intersection of the Santa Monica and Harbor Freeways in Los Angeles, but in Holland the recently (re)renovated Oudenrijn intersection near Utrecht is worth mentioning. Town planning clearly has to move with the times.

Modell einer Straßenkreuzung in der „Hafraba"-Ausstellung.
Die Ausstellung der „Hafraba", dem Projekt einer durchgehenden Automobilstraße Hamburg-Frankfurt-Basel, ist in Basel beendigt, wird gegen-wärtig in Zürich gezeigt und kommt von dort aus nach Bern.   (Photo-Zeck, Basel.)

Philippijnen, sawa's
Philippines, rice paddies

Philippijnen. Rijstvelden. Een berglandschap, toch staat overal water. De
behoefte aan rijstvelden wordt alsmaar
groter. Daaraan wordt vorm gegeven.

Deze dia is wel heel opmerkelijk als besluit
van een lange reeks opmerkelijke beelden.
Niet de skyline van Manhattan, waar de
vierkante meters kantoorruimte de lucht
in gaan, maar een stedenbouwkundig
verschijnsel dat bijna nog wonderlijker is.
Van Eesteren gaf aldus ook een indringend
beeld van de toekomstige intensivering van
de exploitatie van het aardoppervlak. Dat is
anno 1997 een probleem waarover men
maar liever niet nadenkt.

Philippines. Rice fields. A mountain landscape, but water standing everywhere. The
need for rice fields increases all the time.
That need shapes the landscape.

This slide certainly forms a rather curious end
to a long series of remarkable images: not
the skyline of Manhattan with its forest of
skyscrapers but a planning phenomenon that
is perhaps even more amazing. Van Eesteren
thus offered a penetrating image of the
future intensification of exploitation of the
world's surface. Now, in 1997, it is a problem
that people prefer not to think about.

Colofon Colophon

Deze publicatie is een gezamenlijke uitgave van NAi Uitgevers en EFL Publicaties.
This book is a joint publication by NAi Publishers and EFL Publications.

Ontwerp Design
Mart. Warmerdam, Halfweg

Vertaling Translation
Victor Joseph, Amsterdam

Reproductiefotografie Reproduction Photography
Martien Kerkhof, Studio Retina, Amsterdam

Druk Printing
Drukkerij Mart.Spruijt bv, Amsterdam

Bindwerk Binding
Mathieu Geertsen, Nijmegen

Productie Production
Marianne Lahr

Uitgever Publisher
Simon Franke

© NAi Uitgevers, Rotterdam; EFL Publicaties, Den Haag, 1997
Alle rechten voorbehouden. Niets uit deze uitgave mag worden verveelvoudigd, opgeslagen in een geautomatiseerd gegevensbestand, of openbaar gemaakt, in enige vorm of op enige wijze, hetzij elektronisch, mechanisch, door fotokopieën, opnamen, of enige andere manier, zonder voorafgaande schriftelijke toestemming van de uitgever. Voor zover het maken van kopieën uit deze uitgave is toegestaan op grond van artikel 16B Auteurswet 1912j° het Besluit van 20 juni 1974, Stb. 351, zoals gewijzigd bij Besluit van 23 augustus 1985, Stb. 471 en artikel 17 Auteurswet 1912, dient men de daarvoor wettelijk verschuldigde vergoeding te voldoen aan de Stichting Reprorecht (Postbus 882, 1180 AW Amstelveen). Voor het overnemen van gedeelte(n) uit deze uitgave in bloemlezingen, readers en andere compilatiewerken (artikel 16 Auteurswet 1912) dient men zich tot de uitgever te wenden.

© NAi Publishers, Rotterdam; EFL Publications, The Hague, 1997
All rights reserved. No part of this publication may be reproduced, stored in a retrieval system, or transmitted in any form or by any means, electronic, mechanical, photocopying, recording or otherwise, without the prior written permission of the publisher.

Van werken van beeldende kunstenaars, aangesloten bij een CISAC-organisatie, zijn de publicatierechten geregeld met Beeldrecht te Amsterdam.
© 1997, c/o Beeldrecht Amsterdam

For works of visual artists affiliated with a CISAC-organization the copyrights have been settled with Beeldrecht in Amsterdam.
© 1997, c/o Beeldrecht Amsterdam

Available in North, South and Central America through D.A.P./Distributed Art Publishers Inc, 155 Sixth Avenue 2nd Floor, New York, NY 10013-1507, Tel. 212 627.1999 Fax 212 627.9484

Printed and Bound in the Netherlands

ISBN 90-5662-056-8